E. DELIÈGE

PAYS D'ARGONNE

REIMS

MATOT-BRAINE, IMPRIMEUR-LIBRAIRE-ÉDITEUR

Henri MATOT (A Q), Fils et Successeur

6, rue du Cadran-Saint-Pierre, 6

PAYS D'ARGONNE

E. DELIÈGE O ✠

✠✠✠✠✠✠✠✠✠✠✠✠✠✠✠

Pays d'Argonne

« ..... Qui me rendra mes amours :
L'Argonne, ses forêts fraîches et son silence ? »

L. FORGET.

✠✠✠✠✠✠✠✠✠✠✠✠✠✠✠

REIMS

IMPRIMERIE MATOT-BRAINE

6, rue du Cadran-Saint-Pierre, 6

1907

OUVRAGES DU MÊME AUTEUR

Arboriculture pratique (en collaboration avec M. TRONCET). 2   »
Librairie Larousse, Paris.

Culture des Fleurs par les Enfants et les Ouvriers .... »   »
Imprimerie L. Maretheux, Paris.

Le Livre unique de Sciences et d'Agriculture............ 1 25
Librairie Godchaux, Paris.

L'Agriculture française 3   »
Librairie E. Cornély, Paris.

Les Amis et les Ennemis du Cultivateur............... 1 90
Librairie Picard et Kaan, Paris.

Marne agricole.................................... 1 50
Librairie Gontier, Reims.

Les Amis du Cultivateur........................... 1 25
Librairie Matot-Braine, Reims.

Les Ennemis du Cultivateur........................ 1 50
Librairie Matot-Braine, Reims.

Mutualité agricole................................ 1 25
Librairie Matot-Braine, Reims.

PRÉFACE

Le *Pays d'Argonne* est une région très pittoresque qui servait autrefois de trait d'union entre les anciennes provinces de Lorraine et de Champagne. Aujourd'hui, il s'étend quelque peu sur les confins des départements de la Meuse, partie ouest de l'arrondissement de Verdun, de la Marne, partie est de l'arrondissement de Sainte-Ménehould, des Ardennes, partie occidentale de l'arrondissement de Vouziers, formant ainsi un vaste plateau, long du nord au sud d'environ dix-huit lieues, large de l'est à l'ouest de trois à quatre lieues.

Ce plateau est coupé en deux endroits différents par la Biesme et l'Aire, affluents de l'Aisne ; il est rattaché aux régions voisines par des dépressions dont la pente est des plus variables.

Il a été déjà beaucoup écrit sur ce pays. Les œuvres d'André Theuriet, de Léon Forget, de Paul Collinet ; les excellents articles des *Revues d'Ardenne et d'Argonne*, de *Champagne et de Brie*, du *Bulletin-Revue de l'Œuvre des Voyages scolaires*, pour ne

citer que les meilleures études, en font certainement foi.

Aussi, n'est-ce pas une nouvelle description de cette
intéressante région que nous offrons à nos lecteurs.
Ce sont de simples croquis dont la seule qualité est
d'être pris sur le vif. Nous nous sommes plu à les
recueillir pendant qu'il en était temps encore ; ils
sont destinés à montrer ce qu'est la caractéristique
du Sol, des Eaux, des Champs et Prairies, des
Forêts, des Localités, des Habitants et de l'Histoire
d'un pays qui mérite certainement autant et plus
que beaucoup d'autres, d'être visité par les admirateurs de sites remarquables de notre belle Patrie.

Nous avons choisi à dessein cette division naturelle des chapitres, afin de donner complète satisfaction aux touristes qui parcourront l'Argonne ou
mieux encore, qui villégiatureront dans cette charmante contrée.

A ceux dont la passion est d'arracher au sol les
précieux trésors qu'il renferme, nous rappellerons les
multiples industries anciennes et modernes dont la
terre argonnaise fut la pourvoyeuse infatigable ; aux
rêveurs, mollement assis sur les bords enchanteurs
des fontaines et des ruisseaux de la « Vallée », nous
raconterons les vieilles légendes des cours d'eau
et nous énumérerons les richesses inépuisables des
étangs échelonnés dans les coupures du massif

argonnais ; aux amis de la nature, qui foulent le tapis mœlleux des prairies émaillées de mille fleurs et le sol fécond des vergers aux senteurs enivrantes, nous narrerons les mœurs originales de ces robustes laboureurs à la fois mi-lorrains et mi-champenois ; à ceux qui préfèrent les futaies silencieuses et les combes ombreuses de la forêt profonde, orgueil du pays, nous dirons les plaisirs, les joies et les largesses, dont elle est la dispensatrice de tous les instants ; pour ceux qui aiment les vestiges et les ruines des temples et des abbayes, des manoirs et des villages d'antan, nous évoquerons les anciennes coutumes qui donnaient aux rustiques localités, à certains jours de l'année, une physionomie si originale ; aux admirateurs des héros guerriers, des écrivains, des artistes et des savants, nous offrirons les biographies des plus illustres Argonnais ; enfin, à ceux toujours avides des récits captivants de l'histoire, nous résumerons les évènements importants dont l'Argonne a été plus d'une fois le théâtre.

Nous pensons justement atteindre le but que nous nous proposons grâce à la collaboration précieuse et spontanée qui nous a été offerte durant notre période de documentation. Aussi, avant de terminer ces quelques lignes de préface, est-ce pour nous un devoir très agréable que d'adresser l'expression de notre plus vive reconnaissance à tous, historiens et

poètes, dessinateurs et photographes, chercheurs
et collectionneurs, qui ont rendu notre tâche à la
fois si douce et si agréable.

E. DELIÈGE.

Reims, le 25 Mai 1907.

PAYS D'ARGONNE

PREMIÈRE PARTIE

LE SOL

Le sol du plateau du « Pays d'Argonne » est formé spécialement par la gaize ou pierre morte. C'est une roche poreuse, légère, quoique assez dure que les habitants utilisent pour les fondations de maisons et pour la construction de la couche inférieure des chemins et des routes. En se délitant, cette roche donne une terre sableuse, légère et perméable convenant particulièrement aux essences de nos forêts, ce qui fait de l'Argonne un pays essentiellement boisé.

A la base du plateau, vers l'ouest, la gaize est remplacée par du sable vert ; au sud, c'est une argile grise, le « gault » qui convient surtout à la fabrication de la tuile et qui est recouverte de terres froides, tenaces et pauvres.

Il n'est pas rare de trouver à la partie inférieure de la gaize une couche de nodules phosphatés dont l'épaisseur varie entre huit et trente centimètres.

Tel qu'un génie bienfaisant, ce sol est le nourricier de ceux qui fouillent ses entrailles, **tireurs de « coquins »** et **tireurs d'argile**, pour en extraire les richesses qu'il renferme, et le pourvoyeur des usines locales, **tuileries, briqueteries, faïenceries** et **verreries**, qui transforment ces trésors en objets de première utilité pour les besoins de la vie humaine.

CHAPITRE PREMIER

LE TIREUR DE « COQUINS »

Il existe dans certaines gorges de l'Argonne et cela depuis près de cinquante ans, particulièrement entre les Islettes et Clermont-en-Argonne, de vastes champs d'exploitation de « coquins ».

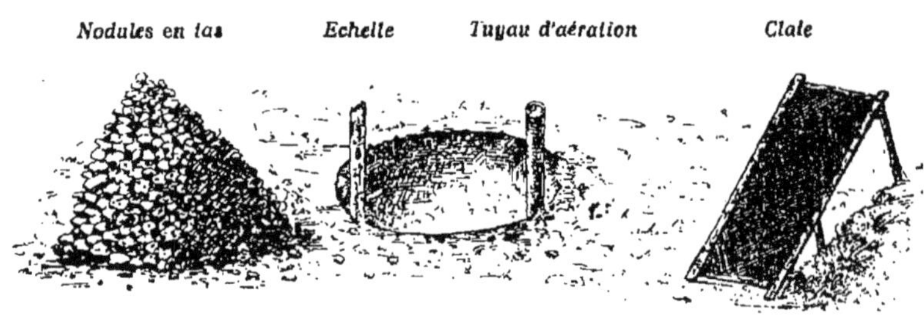

ORIFICE D'UN PUITS

En ces endroits, au milieu du vert tapis des prairies, d'assez nombreuses taches noirâtres ne manquent pas d'attirer l'attention des promeneurs ou des touristes.

En approchant de plus près, ils ne tardent pas à s'apercevoir que ces taches sont formées par des dépôts de matières terreuses qui ne sont autres que des nodules phosphatés. Si leur curiosité se trouve éveillée et que, par le sentier qui donne accès au champ d'exploitation, ils parviennent jusqu'à ce terrain, ils sont tout surpris de trouver la surface du sol environnant percée de nombreux orifices de puits, les uns à moitié plein d'eau, les autres presque remplis de terre et certains surmontés de treuils que des hommes tournent sans interruption pour remonter au jour les coprolites que d'autres ouvriers extrayent de galeries souterraines.

Tous ces hommes sont des tireurs de « coquins ».

Le tireur de « coquins » est un véritable mineur avec cette différence qu'au lieu de s'attaquer à un combustible, il s'attaque à un engrais ; il n'a pas à craindre les explosions du feu grisou, mais il a souvent à lutter contre les infiltrations des eaux ; comme son confrère des houillères profondes, sa besogne est des plus laborieuses.

Couvert de vêtements grossiers, coiffé d'un chapeau de feutre très résistant, botté de souliers solides, il descend chaque jour, vers six heures du matin, dans le puits donnant accès à la mine : à cet effet, une poutre, attachée à l'une des parois du trou et garnie de petites traverses horizontales, lui sert simplement d'échelle.

Le tireur de « coquins » travaille généralement assis ou à genoux. Armé d'un pic à manche très court, il s'attaque à la couche de nodules placée souvent à huit ou dix mètres sous terre. Au fur et à mesure qu'il avance dans la galerie horizontale, il l'étaye à l'aide de traverses longues de soixante à soixante-dix centimètres supportées par de petits poteaux de dimensions sensiblement les mêmes, et c'est dans un étroit couloir offrant à peine deux tiers de mètre au carré qu'il lui faut se mouvoir et peiner durant des heures entières.

Parfois, le mineur manque d'air : il pratique alors une sorte d'aération artificielle en allumant à l'entrée de la galerie un fourneau à bois dont le tuyau émerge à l'orifice du puits.

Le tireur de « coquins » n'est pas seul dans la mine. Il est secondé par un garçonnet qui transporte les nodules au bas du puits d'extraction. Ces nodules sont jetés par le mineur dans une sorte de panier en osier garni d'une anse et posé sur un chariot minus-

CHARIOT ET PANIER A « COQUINS »

cule, à quatre roues, haut tout d'un coup de vingt centimètres et muni d'une poignée métallique à l'avant et à l'arrière.

Lorsque le panier est plein, le garçonnet passe en rampant derrière le chariot et pousse le véhicule vers le fond du puits ; arrivé là, il saisit le bas de la corde attachée au treuil, y suspend le récipient, et, à un signal convenu, le fait enlever par un aide tournant la manivelle à la partie supérieure du sol : cet aide vide le panier non loin de lui et le renvoie au garçonnet qui le détache pour le reporter au mineur.

Bien dur est également le travail de ces deux ouvriers.

Heureusement, la besogne la plus difficile est terminée.

D'autres journaliers qui descendront, leur tour venu, dans la mine, jettent les « coquins » par pelletées sur les claies inclinées ; le choc débarrasse par-

LE LAVAGE DES « COQUINS »

tiellement les nodules de la terre les recouvrant, celle-ci passe au travers du treillis et les coprolites, entraînés par leur propre poids, retombent au bas de la claie.

On les laisse se dessécher durant quelque temps, puis il est procédé au lavage pour enlever les derniers vestiges de terre. Un des ruisseaux de la vallée a été préalablement barré en plusieurs endroits différents. Dans ces barrages, l'avant est fermé par un grillage, l'arrière par une vanne.

On remplit partiellement par des « coquins » l'intervalle compris entre la vanne et le grillage; après quoi on fait arriver l'eau de la partie supérieure du cours d'eau ; quand les coprolites en sont recouverts, on les brasse fortement à l'aide de rateaux en fer à longs manches ; lorsque l'eau qui s'écoule du barrage est à peu près claire, l'opération est terminée : les nodules sont enlevés et entassés sur les rives pour se dessécher à nouveau.

De là ils sont transportés au moulin à « coquins » où des meules puissantes les réduisent en une sorte de poussière grisâtre. Ces cendres fertiles quitteront alors les jolis vallons de l'Est pour aller, bien loin, dans les plaines de l'Ouest, rendre plus féconde une région sœur moins favorisée que la nôtre.

CHAPITRE II

LE TIREUR D'ARGILE

Le tireur d'argile travaille à ciel ouvert. La fosse où il exerce son labeur quotidien est située presque toujours à proximité d'une tuilerie.

De bon matin, aussitôt que le jour pointe, il se rend à sa besogne. Vêtu d'un pantalon et d'une vareuse d'étoffe vulgaire, chaussé simplement de sabots en bois, ayant comme outil une bêche spéciale, la « bêche à rafosser », il enlève par tranches minces la terre glaise propre à la fabrication des divers produits de l'usine. Cette terre est mise en tas après avoir été préalablement débarrassée des petites pierres ou « grisettes » qui pourraient nuire à la bonne qualité des tuiles ou des briques. A mesure que le tas augmente le tireur l'arrose et le piétine de manière à obtenir une masse compacte et homogène.

Cela fait, il abandonne la bêche métallique pour prendre un instrument semblable en bois, le « palon », dont le tranchant présente des dentelures ayant quelque analogie avec celle d'une scie. Il enfonce le « palon » dans la masse d'argile et envoie la terre glaise sur le bord de la fosse où il la dispose ensuite en un tas parallélipipédique qui séjournera là jusqu'au jour où le besoin s'en fera sentir à l'usine. L'argile y sera transportée à l'aide de petits tombereaux disposés pour cet usage.

C'est un métier bien difficile que celui de tireur d'argile. Puis cet ouvrier subit de fâcheux contre-temps : sans qu'il s'y attende, des sources d'eau souterraines font souvent irruption dans la fosse et l'inondent partiellement. Il lui faut rejeter cette eau, seau par seau, et fermer l'orifice des sources avant de continuer l'extraction de la terre. Et si, pour une raison ou pour une autre, il n'est pas possible d'empêcher l'infiltration liquide, le travail est abandonné et la nécessité s'impose de chercher ailleurs une couche argileuse où pareil inconvénient est toujours à craindre.

Néanmoins, quand le brave ouvrier a terminé sa rude journée, il s'estime fort heureux de rapporter aux siens les quelques francs qu'il a si bien gagnés. Et n'allez pas lui dire d'abandonner sa profession pour en choisir une autre moins pénible et plus lucrative : il est trop fortement attaché à sa fosse et à son usine. A moins d'accident ou de maladie, il ne quittera son emploi que pour le laisser à son fils, car il est de tradition au village que là, où le père a peiné, le fils sera choisi de préférence par le patron bien avisé qui cherche ainsi à s'attacher, de génération en génération, des familles de bons et fidèles travailleurs.

CHAPITRE III

LE VILLAGE AUX TUILERIES

Dans la région argonnaise où le sous-sol est argileux, se sont élevées, il y a longtemps déjà, des

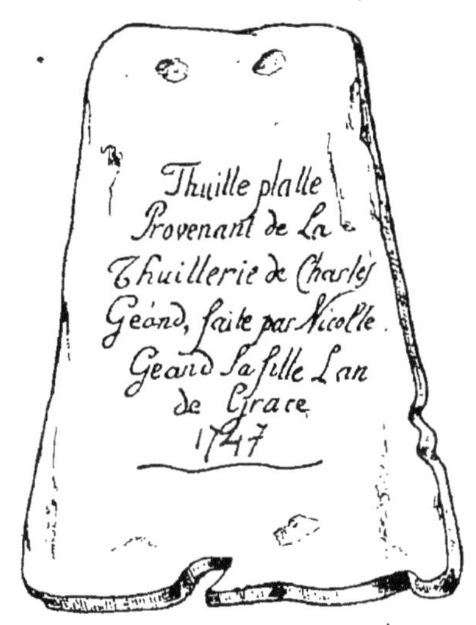

TUILE PLATE (XVIIIe SIÈCLE)

usines, tuileries et briqueteries, dont les produits ont acquis une réputation bien méritée.

On les avait surtout construites vers le sud de l'Argonne ; mais aucune localité n'en présentait et n'en présente encore une telle agglomération que

Passavant : aussi ce petit bourg mérite-t-il entre tous le qualificatif de « Village aux Tuileries ».

Une donation, en principal, de 50 livres faite en 1640 à la fabrique de Passavant par M. Robert, montant d'une dette du 17 mars 1625 acquittée par Jean Périn, tuilier audit lieu, indique que cette profession était déjà exercée dans ce bourg au début du xviie siècle.

Le dessin ci-dessus représentant une tuile enlevée à la toiture de l'église de Passavant, est une preuve que les tuileries y prospéraient également dans la première moitié du siècle suivant.

Lorsqu'après avoir franchi l'Aisne, sur la route qui conduit de Sainte-Ménehould à Triaucourt, on arrive aux premières maisons de Passavant, on est frappé de suite par le grand nombre d'usines échelonnées à droite et à gauche du chemin ; les unes sont en pleine activité, les autres ne témoignent que d'un travail très ordinaire ; certaines sont complètement arrêtées, d'aucunes ne sont plus que des ruines d'un passé plus prospère, car si l'on s'en rapporte aux dires des vieillards, au commencement du siècle dernier on avait alors l'illusion de véritables ruches ouvrières.

Douze usines travaillaient concurremment.

Dès qu'avril laissait échapper ses effluves printanières, on voyait arriver, joyeuses et disposes au travail les « Hirondelles de Lorraine » : c'était le surnom que l'on donnait aux ouvrières des tuileries, originaires presque toutes de villages meusiens environnant Clermont-en-Argonne ; les Passavantins dédaignaient, à cette époque, le travail des usines pour s'occuper plus spécialement de leurs vergers et de leurs vignobles.

Les tuilières élisaient domicile chacune respectivement chez le patron qui les employait; outre le logement, elles recevaient la nourriture et une allocation totale en argent variant entre cent cinquante et deux cents francs pour les six ou sept mois qu'elles restaient au pays. Durant ce laps de temps, sans trève et sans relâche, elles frappaient, roulaient, disposaient au séchoir, enfournaient, défournaient, tuiles, briques et carreaux que des rouliers loués tout spécialement conduisaient par des routes et des chemins plus ou moins praticables jusque vers les villes de Vouziers et de Reims.

La corporation avait sa fête placée sous le patronage de sainte Madeleine, le vingt-deux juillet de chaque année.

La veille au soir, quelques musiciens pris au village ou à la ville voisine parcouraient le pays et donnaient force aubades devant chaque tuilerie.

Le jour de la fête, patrons et ouvriers, tuiliers et tuilières, revêtus de leurs plus beaux habits se rendaient en groupe à la messe de la corporation. Après quoi de vrais festins réunissaient dans chaque usine son personnel particulier. Au dessert, chacun en était pour sa chansonnette et la gaieté la plus franche ne cessait de régner parmi les convives.

Une journée si bien commencée se terminait toujours par un bal rustique où la jeunesse entière du village s'en donnait à cœur joie jusqu'à une heure très avancée de la nuit. Quelquefois, après le bal, les plus hardis « couraient la broche ». Ils allaient de maisons en maisons et ces francs buveurs d'antan joutaient à qui viderait le plus rapidement les bocaux de framboises et de cerises que les ménagères de l'Argonne savent encore si bien préparer. L'aurore, qui blanchissait les frondaisons de la forêt voisine, mettait seule fin à ces agapes fraternelles.

La construction de tuileries en d'autres points du département, l'établissement des voies ferrées et comme conséquence la facilité de transports des produits de régions parfois fort éloignées, occasionnèrent pour Passavant une diminution considérable de travail.

Les tuilières de Lorraine moins occupées et par suite moins payées ne revinrent plus que rarement au village. Quelques habitants de la localité firent leur apprentissage d'ouvriers-tuiliers; peu à peu leur exemple fut suivi, si bien que depuis une cinquantaine d'années, ils suffisent à la besogne des usines. Particularité à signaler, ces artisans habitent presque tous dans la partie haute du village qualifiée, on ne sait trop pourquoi, du nom historique de « Pologne ».

Actuellement, la fête de la corporation n'est plus guère qu'un souvenir. D'ailleurs les usines tendent toujours à perdre de leur activité d'autrefois. Seules, celles qui ont amélioré leur outillage et qui se sont mises à la fabrication des briques creuses, des tuiles mécaniques et des drains ont quelque espoir de subsister. Néanmoins que les tuiliers n'oublient pas

qu'il leur faut marcher constamment dans la voie
du progrès s'ils veulent utiliser les réserves du sol
lesquelles peuvent fournir durant de longs siècles,
une matière première, dont la qualité permet
de lutter avec avantage contre les établissements
similaires.

CHAPITRE IV

LE DRESSOIR DES AÏEUX

Là où les membres de la famille ne sont pas dispersés loin du pays natal, et c'est la règle générale de l'Argonne, on remarque souvent dans la plus vaste pièce de la maison paternelle, celle qui sert à la fois de cuisine et de salle à manger, un meuble d'un aspect particulier : c'est le « Dressoir des aïeux ».

Vieux de plus d'un siècle, formé de solides planches de chêne sculptées assez originalement par le menuisier du village, entretenu avec un soin jaloux par la maîtresse de la maison, il verra sans doute encore plusieurs générations si quelque cause imprévue ne vient à le détruire brutalement.

Sa base est un vrai bahut où sont rangés soigneusement nappes et serviettes aux bonnes senteurs d'iris, couverts et vaisselle modernes, qu'on ne sort qu'aux jours de fête familiale.

Le haut est disposé en étagère avec trois ou quatre rayons très rarement abrités par de brillantes vitrines.

Par contre c'est une charmante harmonie de couleurs que les faïences des Islettes, exposées sur le dressoir, offrent aux hôtes ou aux visiteurs de l'hospitalier foyer argonnais : les tons les plus variés des roses et des verts s'y marient aux multiples nuances du bleu et du violet.

Les antiques assiettes à dessert, dont un des motifs les plus gentils est un coq gracieusement perché sur de riches corbeilles de fleurs, s'y intercalent avec les plats finement décorés d'œillets, de marguerites et de roses, où l'on sert la « galette lorraine » si bien chantée par le grand poète de l'Argonne. Aux places d'honneur, des pièces plus rares, avec sujets variés représentant tantôt un Chinois, tantôt un volontaire de la première République, tantôt un soldat du premier Empire, quelquefois même des grenadiers, excitent constamment l'envie du collectionneur.

Dans les coins, des soupières aux formes très originales, des salières, des sucriers, des pots à tabac témoignent aussi du goût artistique des faïenciers de l'époque.

Ajoutez à cela des encriers agrémentés de mignonnes fleurettes, des statuettes de la Vierge ou de Saints particulièrement honorés en « Pays d'Argonne » et vous aurez une idée assez exacte des trésors amassés sur le « Dressoir des aïeux ».

Et si vous voulez être renseignés sur l'origine de toutes ces richesses, faites une promenade jusqu'à la pittoresque station des Islettes ; demandez à ce que l'on vous conduise aux « Vignettes », petit hameau placé à proximité du bourg, mais sur la rive gauche de la Biesme, et vous trouverez là quelques bons vieillards qui se feront un plaisir de vous raconter ce qu'ils savent de l'antique faïencerie dont l'emplacement est occupé actuellement par une usine aux produits très ordinaires et sans aucune couleur artistique, nous avons cité une « briqueterie ».

CHAPITRE V

LES VERRIERS DE LA « VALLÉE »

Les habitants des rares villages construits sur les plateaux forestiers du « Pays d'Argonne » désignent communément sous le nom de « *Vallée* » la dépression étroite dans laquelle coule la partie supérieure de la Biesme.

C'est tout d'abord une gorge resserrée se subdivisant en deux parties au hameau de Courupt ; la partie est finit brusquement à Bellefontaine, tandis que la partie nord, conservant à peu près la même largeur à Futeau, la Contrôlerie et les Senades, se trouve bientôt coupée transversalement au bourg des Islettes par le défilé du même nom ; à partir de cette localité, la « Vallée » s'est fortement élargie et les quelques petits hameaux que l'on y rencontre : les Vignettes, Broda, les Petites-Islettes, le Neufour et le Claon, agrémentent heureusement la dépression du vallon ; après avoir dépassé la Chalade, il n'existe plus qu'un passage exigu où l'on remarque le Four-de-Paris et la Harazée, ce dernier hameau étant le point terminus de la « Vallée » proprement dite.

Tous ces groupements, plus nombreux que populeux, sont échelonnés le long d'une route charmante, longeant la rive droite de la Biesme, traversant une prairie magnifique, bordée des deux côtés par de minuscules collines boisées dont le pittoresque rappelle un peu certaines régions de la Suisse.

Quoiqu'il en soit, le touriste se demande souvent quelle est la cause d'une telle agglomération de localités (on en compte jusque seize), dans un parcours qui atteint à peine quinze kilomètres.

A cela, on peut répondre que ce sont sans doute les verreries de naguère qui ont réuni tant d'habitations dans la vallée de la Biesme. En effet, si l'on s'en rapporte à la tradition, aux vestiges des bâtiments et à certains documents que possèdent encore les propriétaires actuels des verreries argonnaises, il existait de ces sortes d'établissements à *Courupt*, *Bellefontaine*, *Futeau*, *la Contrôlerie*, *les Senades*, *les Islettes*, *les Vignettes*, *le Neufour*, *le Claon*, *la Chalade*, *le Four-de-Paris* et *la Harazée*. La particularité est assez rare pour qu'il en soit dit quelques mots ici.

On ignore les débuts exacts de la fabrication du verre en Argonne.

D'après des découvertes toutes récentes, il semblerait que les premières verreries étaient ambulantes. Les verriers devaient s'établir dans les clairières de la forêt où ils trouvaient du bois à volonté. Ils y construisaient un four sommaire sur lequel ils plaçaient un ou plusieurs creusets ainsi que le confirment les débris qui ont été retrouvés. Comme on ne voit autour des ruines de ces fours aucune trace ou vestige d'habitation, il est à croire que les verriers vivaient là, isolés, comme le font les charbonniers de nos jours et ne quittaient l'emplacement choisi qu'autant que le bois et les matières premières leur faisaient défaut.

Quant à l'époque à laquelle existaient ces premiers

artisans, elle est variable suivant qu'il s'agit de verreries à produits divers ou de simples verreries à
bouteilles.

Les premières dateraient de l'époque gallo-romaine
et de l'époque franque. *M. L. Mauget*, de Sainte-
Ménehould, un chercheur infatigable et dont les
trouvailles ont déjà fait l'objet de rapports élogieux
au Bulletin archéologique du Ministère de l'instruction publique, a découvert tout récemment aux Houis
des fibules de couleur verdâtre, une goutte de verre
noire opaque et lenticulaire, un éclat de coupe en
verre noir, des cubes de verre revêtus d'une gangue
vitrifiée, du verre transparent formé de deux plaques
ayant la même épaisseur et soudées entre elles, du
verre coupé au couteau, du verre déprimé au moyen
de pinces plates, tous spécimens de valeur qui ne
laissent aucun doute sur l'existence de verreries gallo-
romaines en « Pays d'Argonne ». *M. G. Chenet*, du
Claon, ami de M. Mauget, chercheur non moins infatigable que lui, a découvert dans la gorge de Pairupt,
forêt domaniale de La Chalade, les ruines très bou-
leversées d'un ouvreau et à côté des fragments de
coupes, de fioles à col étroit, de soucoupes à côtes,
de vases à anses, en un verre blanc verdâtre qu'il
attribue à des verreries franques.

On peut faire remonter les verreries à bouteilles an-
térieurement à 1448, car à cette date une charte dite
« Charte des verriers », fut octroyée aux verriers par
Jean de Calabre qui gouvernait les duchés de Lorraine
et de Bar en l'absence de René d'Anjou, son père (1).

(1) Prosper BIGAULT. — Les Verriers de l'Argonne. (*Revue de
Champagne et de Brie.*)

Il ne faudrait pas se figurer que ces artisans du
XVe siècle étaient simplement des gens d'origine
obscure ; bien au contraire, ils appartenaient à la
noblesse d'alors et portaient le titre de Gentilshommes verriers.

Pour qu'ils acceptassent cette profession sans déro-
ger, les rois de France et les ducs de Bar et de Lorraine leur avaient accordé des privilèges très importants.

CACHETS D'ANCIENS VERRIERS   (Collection G. Chenet).

Entre autres choses, ils jouissaient des droits de
pêche et de chasse et c'est pourquoi les Gentilshommes verriers furent toujours de francs et hardis
chasseurs ; de plus ils pouvaient prendre à volonté
le bois des forêts aussi bien pour le chauffage des
fours que pour la construction des maisons.

Grâce à ces avantages exceptionnels et au droit
exclusif de fabriquer des bouteilles dans la région,
ils ne tardèrent pas, on doit le supposer, à devenir
tout à fait sédentaires.

Ils construisirent des verreries fixes entourées

d'habitations ; l'une des usines les plus anciennes est celle de Courupt. Faire sa description, c'est faire celle des autres qui étaient à peu près identiques.

Elle comprenait un bâtiment plus long que large, assez élevé, recouvert d'un toit à deux pentes très inclinées, ouvert longitudinalement à sa partie supérieure ; cette ouverture, abritée par un autre petit toit surélevé sur le premier, permettait l'échappement régulier de la fumée. Les deux plus longs murs étaient percés de vastes baies destinées à laisser pénétrer l'air vif de la « Vallée » qui venait ainsi atténuer la chaleur excessive dégagée par les fours.

Ces derniers, construits en briques réfractaires, étaient installés au beau milieu de la verrerie, leurs ouvreaux faisant face aux baies des deux côtés de l'usine. En avant existaient des plates-formes élevées d'environ un mètre au-dessus du sol et sur lesquelles se plaçaient les verriers dans la période de travail. A l'intérieur des fours étaient déposés les creusets, sortes de grands pots où le sable, la soude, les cendres, les débris de verre cassé fondaient simultanément pour former un mélange parfait sous l'action de la chaleur dégagée par le chauffage fait alors uniquement au bois.

La plupart des matières premières provenaient des environs : le sable de la Côte de Biesme ou de Florent, les cendres des tuileries de Passavant et de tous les villages sis à proximité : on voyait à cette époque de petits industriels parcourir les campagnes, précédés de quelques ânes sur les bâts desquels ils plaçaient les sacs remplis de cendres que les ménagères déposaient à l'avance sur le seuil des maisons ; en même temps des marchands de faïence ambulants recueillaient les détritus de verre et donnaient en échange quelques pièces de vaisselle. Quant au bois, il était amené à dos de mulets : de véritables pyramides s'élevaient à proximité des verreries et c'était chose très curieuse de voir ces

MAITRE VERRIER OU SOUFFLEUR

dociles animaux monter jusqu'au sommet du tas par la voie bien fragile qui le contournait généralement.

Lorsque le verre était à point, l'on en fabriquait des bouteilles. Par l'ouverture circulaire pratiquée dans une des parois du four, un ouvrier, cueillait avec une canne, tube de fer long de plus d'un mètre, percé intérieurement d'un canal de 3 à 4 millimètres de diamètre, une quantité de pâte de verre suffisante pour faire une bouteille. Il la passait ensuite au maître verrier ou souffleur. Celui-ci, soufflant alors modérément, puis avec plus de force, donnait à la pelote de verre la forme d'une poire allongée. Il introduisait cette poire dans un moule qui modelait le fond ; quand à la partie supérieure elle dépendait absolument du coup de main du maître verrier, c'est pourquoi il n'est guère possible de trouver deux bouteilles de cette époque absolument semblables. En ce qui concerne la pose de la bague qui enserre le goulot, on réchauffait la bouteille à l'ouvreau et le souffleur la formait à l'aide de verre fondu qu'on lui apportait à cet effet : c'était là une opération des plus délicates.

Un des plaisirs favoris des aides du maître verrier consistait à faire souffler une bouteille aux personnes qui visitaient l'usine ; elles emportaient leur œuvre toujours plus ou moins parfaite, mais en retour elles laissaient un petit pourboire aux apprentis.

André Theuriet aimait à visiter les Verreries de la « Vallée ». C'est à la suite d'une de ces excursions dans l'Argonne qu'un de ses amis, Camille Fistié (Tristan), charmé de ce qu'il avait vu dans la Verrerie des Islettes, et après avoir soufflé sa bouteille, composa cette jolie poésie dans laquelle il chante si bien les produits du pays du verre.

LA CHANSON DE LA BOUTEILLE (1)

Versez du charbon nuit et jour,
A plein ras, enfants ! Plus encore !
Que la fonte, aux bouches du four,
Soit rouge comme un ciel d'aurore.
Charbon, fougère et sable fin,
La forêt donne tout, pour faire
Le clair et frêle abri du vin :
   Le verre

Comme au souffle pur d'un enfant
S'enfle une bulle diaphane
La bouteille se gonfle au vent
Du verrier soufflant dans sa canne ;
Elle sort du moule pesant,
Toute molle encore et vermeille.
Salut ! cours le monde, à présent,
   Bouteille,

Froids bordeaux, bourgogne fumeux,
A la couleur pourprée ou blonde,
Quels vins ignorés ou fameux
Chanteront dans ta panse ronde ?
Quand un buveur décoiffera
Ta cire vierge, un jour de fête,
Quelle ivresse ensoleillera
   Sa tête !

Quel gîte auras-tu ? quel destin
T'attend sur ta route douteuse ?
Panier d'argent, comptoir d'étain,
Nappe blanche ou table boiteuse ?....
Chez les bourgeois ou chez les gueux,
Quelque part où le ciel t'envoie,
Mets tous les cœurs et tous les yeux
   En joie.

(1) A. THEURIET. — Sous Bois. — (Charpentier, éditeur).

> Mais bien plutôt reste avec nous,
> Bouteille du pays d'Argonne !
> Qu'on te remplisse du vin doux
> Chauffé par nos soleils d'automne,
> Et qu'en octobre, assis au frais,
> Un robuste coupeur de chênes
> Te vide en l'honneur des forêts
> Lorraines.

Dans la verrerie, non loin des fours, se trouvaient les annexes ; la salle pour le mélange des matières premières et la salle du four à recuire, c'est dans ce dernier qu'un gamin déposait les bouteilles où elles se refroidissaient graduellement de manière à les rendre moins fragiles.

Ces travaux duraient des mois entiers ; puis, quand l'usine avait besoin de réparation on laissait éteindre les feux et l'on disait que les « fours étaient morts ».

Quant aux produits, ils étaient transportés à la hotte par les journaliers ou en bâts par les mulets des « brioleurs » à travers des sentiers ou des chemins peu ou point entretenus, jusque le bourg des Islettes. Là, des rouliers se chargeaient de les emporter et de les vendre dans les diverses régions de l'Est de la France. Beaucoup fournissaient la Champagne et échangeaient souvent leurs bouteilles contre l'excellent vin de cette région qu'ils ramenaient et revendaient en Argonne. A ce métier, un certain nombre firent fortune assez rapidement.

Durant de longues années ces verreries prospérèrent, aussi bien à cause du privilège dont elles jouissaient que du manque d'établissements semblables à l'est de Paris. Ce devait être un spectacle très pittoresque, au moment de la pleine activité des verreries de la « Vallée » quand tous leurs feux, brûlant ensemble, jetaient leurs lueurs sur les forêts voisines. Il me souvient avoir profité quelquefois dans ma jeunesse de la clarté de ces grands feux, pour me guider le soir vers les gorges assombries de Futeau ou de Courupt ; ceci était à la fois sauvage et amusant.

Aujourd'hui, tout cela a disparu partiellement. Après avoir connu des verreries à la Harazée, au Four-de-Paris, au Neufour, aux Islettes et aux Senades, je ne connais plus que les deux dernières. Et, si elles subsistent, c'est grâce à l'ingéniosité du propriétaire actuel. Il a su les aménager suivant les progrès de l'industrie moderne et, certes, à ce point de vue, elles resteront longtemps une des richesses du pays.

Nous ne voulons point en faire une description technique, c'est plutôt là le rôle de l'ingénieur. Disons seulement qu'à côté de l'antique fabrication de la bouteille par le soufflage à la canne, on a installé la fabrication des bouteilles, litres, cannettes et autres récipients à l'aide du soufflage à air comprimé, que la fabrication des cloches pour jardins est jointe à celle des bouteilles, que le chauffage au gaz de la houille a remplacé le chauffage au bois, mais empressons-nous d'ajouter que si ces améliorations ont diminué l'originalité des usines, en retour, l'amabilité du directeur et des contremaîtres en rend la visite très intéressante et très instructive.

DEUXIÈME PARTIE

—

LES EAUX

Quoique rattaché à la Champagne crayeuse, si bien caractérisée par sa sécheresse proverbiale, l'Argonne en différencie fortement par ses eaux très abondantes, éléments de première nécessité pour la vie végétale que l'on trouve si luxuriante à chaque pas que l'on fait dans cette riche contrée.

Ces eaux proviennent en grande partie des pluies généralement fréquentes dans le « Pays d'Argonne » à cause des nombreux nuages qui y sont très souvent poussés par les vents dominants de l'ouest et du nord-ouest.

Elles y forment de multiples fontaines aux appellations locales aussi bizarres que légendaires, de sinueux ruisseaux coulant au fond de vals et de ravins dont l'énumération serait tellement longue qu'elle en deviendrait fastidieuse, de poissonneuses rivières sillonnant chacune des coupures du massif argonnais, de longs chapelets d'étangs, véritables miroirs, reflétant les mille cimes des arbres échelonnés sur les coteaux voisins.

L'Aisne, aux capricieux méandres, aux rives verdoyantes souvent ombragées par les hautes futaies des forêts voisines, est la rivière par excellence de cette pittoresque région, aussi bien par le débit de ses eaux que par la longueur de son cours et par le nombre de ses affluents.

Parmi ces derniers, il convient de citer : l'Aire, qui, tout d'abord limite l'Argonne vers l'est pour la traverser ensuite entre Saint-Juvin et Grandpré avant de se jeter dans l'Aisne en aval de Senuc ; la Biesme, au cours presque rectiligne, au lit très irrégulier, jouissant autrefois d'une certaine importance politique et dont le seul rôle aujourd'hui est de porter ses eaux à la rivière principale.

Le pays est encore arrosé, vers le nord, par la Bar, faible cours d'eau, tributaire de la Meuse, parallèle durant un certain trajet au Canal des Ardennes qui est lui-même en partie la limite occidentale et septentrionale du pays auquel est consacrée cette étude.

Mais quelle que soit leur médiocrité ou leur importance, fontaines et ruisseaux, rivières et étangs, sont pour l'Ar-gonne des richesses considérables dans lesquelles, **artisans** *de petit commerce et de petite industrie, amateurs de* **chasse** *et de* **pêche,** **touristes** *à la recherche de sites toujours nou-veaux,* **âmes rêveuses** *avides d'antiques légendes reli-gieuses, peuvent puiser à pleines mains sans crainte de les voir disparaître.*

CHAPITRE VI

LE « RAPPORT » DE SAINT-ROUIN

On appelle « rapport » dans le Pays d'Argonne une fête champêtre ayant généralement lieu à proximité d'une source ou d'une fontaine que la piété des habitants a dédiée à un saint de la contrée. Un des « rapports » les plus fréquentés est, sans contredit, le « rapport » de Saint-Rouin.

« A son sujet, la légende raconte que l'Ecossais
« Rodingue (vulgairement connu sous le nom de
« saint Rouin), vint dans l'Argonne vers 640, s'éta-
« blit sur une hauteur déserte, où l'on voit aujour-
« d'hui le village de Beaulieu, défricha la forêt et y
« bâtit un ermitage pour s'y consacrer complètement
« au culte catholique.

« Chassé de là par le seigneur du pays, Austrèse,
« il y serait revenu quelque temps après, et, entre
« autres faits surnaturels qui accompagnèrent son
« retour, il aurait fait jaillir la source appelée aujour-
« d'hui la « Fontaine de Saint-Rouin » située dans un
« endroit de la forêt portant le nom de Bonneval. Une
« chapelle y fut érigée ultérieurement à la mémoire
« de Rodingue. »

Jadis les religieux du monastère de Beaulieu, monastère dont la création est également attribuée à saint Rouin, se rendaient en procession le lundi de Pentecôte, à la chapelle de Bonneval.

Après la destruction du monastère, les habitants des villages situés dans ce coin de la « Forêt d'Argonne », particulièrement ceux de Beaulieu, Brizeaux, Passavant, Futeau, continuèrent à aller à la fontaine devenue alors un rendez-vous de fête, mi-partie religieuse, mi-partie profane.

Les uns se rendaient à la célèbre source, convenablement abritée par un petit monument en brique renfermant la statue du saint, et y buvaient pieusement quelques verres d'eau avec le ferme espoir de voir leurs fièvres ou leurs maladies disparaître au plus tôt.

Les autres, moins crédules, envahissaient rapidement une vaste clairière entourée de ces hêtres touffus si communs dans la forêt de Beaulieu, et, aux sons d'un orchestre installé sur un chariot de ferme, s'y livraient avec l'ardeur de la jeunesse, aux joyeux et folâtres plaisirs de la danse.

Parfois, un couple s'éloignait discrètement à travers le taillis et, s'approchant de la fontaine miraculeuse, essayait de former, de la main gauche, un nœud avec l'extrémité des branches flexibles d'un des arbustes à feuillage vert bordant l'allée étroite aboutissant à la source. L'opération, assez difficile, réussissait rarement et, en cas de succès, le couple repartait gaiement, car c'était pour lui, d'après la tradition, certitude de voir ses vœux d'hyménée heureusement réalisés durant l'année en cours.

Avec le temps, le « rapport » du lundi de Pentecôte devint ce qu'il est aujourd'hui, c'est-à-dire tout à fait profane.

Toutefois le clergé comprit la nécessité, afin que le pèlerinage de Saint-Rouin ne tombât pas définitivement, de rétablir une cérémonie religieuse.

La date en fut fixée au dix-sept septembre. Nombreux sont les pèlerins qui s'y rendent et dans les anciens vergers de Bonneval, variée est la collection

FONTAINE DE SAINT-ROUIN

des véhicules qui a servi à les y amener : automobiles, breaks, chariots, tapissières, carrioles, charrettes, bicyclettes, y forment un ensemble des plus disparate.

Après une messe solennelle célébrée, non à la chapelle qui a pourtant été réparée, consolidée et embellie vers 1866, mais dans un verdoyant amphithéâtre faisant partie du domaine de Saint-Rouin, tous les touristes s'installent sur l'herbe pour le

déjeuner champêtre qui est le complément obliga-
toire du pèlerinage et dont le coup d'œil est certainement des plus pittoresques. Ici, un pèlerin solitaire
déjeune frugalement d'un morceau de pain bis et de
fruits de la saison, le tout arrosé d'excellente eau
fraîche puisée dans une citerne artistement décorée
par un rocher enjolivé de scories luisantes ; là des
jeunes gens, venus surtout pour se récréer, devisent
joyeusement tout en calmant leur appétit, grâce à un
excellent pâté et à quelques bouteilles du vin pétillant des coteaux voisins qu'ils ont pu se procurer
près des marchands forains profitant de cette
occasion pour exercer un commerce lucratif; plus
loin, une famille entière, grossie encore d'amis ren-
contrés là par hasard, organise un véritable festin de
Gargantua : saucisson de Lorraine, jambon fumé,
lapin sauté, volaille rôtie, desserts variés, bouteilles
vénérables enlevées dans un des meilleurs coins de
la cave, composent un menu où chacun fait honneur,
car la course matinale a excité l'appétit déjà robuste
de la plupart des convives.

Au milieu des rires et des conversations bruyantes
qui accompagnent fréquemment la fin d'un bon déjeuner, quelques tintements argentins se font entendre
du côté de la chapelle. La cérémonie religieuse
continue. Prestement, les reliefs du repas sont
remisés au fond des paniers et chacun se rend en
spectateur dans la gorge sacrée où bientôt une longue
théorie de prêtres, de jeunes filles, d'enfants et de
croyants se déroule en procession devant les artistiques stations du chemin de croix qui sont certai-

nement une des curiosités religieuses les plus visi-
tées de l'Argonne.

Bientôt, tout est terminé. Les pèlerins reprennent
place dans les véhicules qui les emportent vers leurs
demeures où ils rentreront, fatigués, il est vrai, mais
heureux d'avoir passé très agréablement une journée
charmante en forêt.

CHAPITRE VII

LA CHANSON DU LAVOIR

Parfois, lorsque solitaire, je m'attarde le long du ruisseau, je recueille ses vieilles légendes, telles la « Chanson du lavoir » dont voici les quelques strophes, que j'ai notées l'autre soir.

*
* *

Il y a tout près de cent ans, le lavoir, coin ombragé du ruisseau, avec sa modeste planche, disait à la ménagère : « La place, que je t'offre pour demain, est malheureusement très petite ; ta voisine peut l'enlever ; sois donc prudente pour la garder ; vite, fais-la surveiller ».

Et la ménagère soucieuse, docile aux conseils de l'eau vive, délègue pour la nuit entière, deux garçonnets pour conserver le lavoir si fort recherché.

*
* *

Il y a déjà bien cinquante ans, le lavoir, humble toit de chaume, couvrant un détour du ruisseau, disait à la ménagère : « Le coin que tu désires pour laver, est, tu le sais des plus enviés, ta voisine voudrait le ravir ; sans retard, fais-le occuper. »

Et la ménagère inquiète, docile aux conseils de

l'eau claire, vite, envoie sa lessiveuse, aussitôt le soleil couché, attendre jusque l'aurore doré, le moment de frotter le linge.

* *
*

Et maintenant, le lavoir, solide pavillon en bois,

UN LAVOIR ARGONNAIS

abritant un bassin pavé, où le pan ! pan ! du battoir retentit sans aucun arrêt, répète à la ménagère : « Le chemin, qui remonte au village, est bien rude pour la laveuse, ne ménage pas à ta servante, les mets solides qui fortifient ».

Et la bonne ménagère, docile aux conseils des eaux bleues, prépare avec mille soins, le succulent dîner du soir, en l'honneur de ses lessiveuses.

*
* *

Souvent aussi le lavoir, quand le battoir ne frappe pas, sussurre à ses lavandières : « Bavardez sans perdre un moment, pour médire un tout petit peu, de vos amies qui sont absentes ».

Et le chœur des lessiveuses, dociles aux perfides conseils des eaux troubles et boueuses, passe en revue fort bruyamment, les incidents vieux et nouveaux, s'étant produits dans le hameau, ce qui fait qu'on nomme le lavoir, le « Petit Journal du Village ».

*
* *

Quelquefois encore, le lavoir, encaissé discrètement, dans une gorge profonde, encourageant les rêveries, de la blonde laveuse de vingt ans, lui chante doucement vers le soir : « Attarde-toi un instant, bientôt sonnera l'heure du retour, de l'honnête bucheron qui t'adore ».

Et la belle enfant de la forêt, plus riche d'amour que d'argent, attend très impatiemment, celui dont les fidèles serments, auront comme témoins innocents, les eaux trop enchanteresses, du rustique lavoir du ruisseau (1).

------

(1) « Les trois premières strophes indiquent les progrès successifs réalisés dans l'établissement d'un lavoir rural. »

CHAPITRE VIII

LES BRACONNIERS D'EAU DOUCE

Le « Pays d'Argonne » est un peu la région privilégiée des braconniers d'eau douce.

Cela est dû sans doute à l'abondance du poisson qui devient malheureusement déjà légendaire et à la facilité qu'y trouvent les amateurs de pêches interdites d'échapper aux représentants de la loi en se réfugiant dans les asiles discrets des bosquets qui avoisinent les cours d'eau.

Ces braconniers ne sont pas bien dangereux et rarement on entend dire, qu'une lutte entre eux et les gardes-pêche ait eu un épilogue sanglant. En retour, le nombre n'en fait pas défaut et ceci, au grand désespoir des pêcheurs paisibles qui voient tristement leurs pêches fructueuses d'heureuse mémoire faire place à d'ennuyeuses stations aux bords de ces rivières ombragées et silencieuses, autrefois véritables paradis des chevaliers de la gaule, car goujons, perches, brochets, anguilles, carpes, brêmes, chevennes et autres poissons blancs d'espèces multiples y formaient un contingent des plus variés, capable de satisfaire tous les goûts et toutes les aptitudes.

Certes, nous ne voulons pas faire ici un réquisitoire. Néanmoins, si par hasard, il advenait que certaines personnes se reconnaissent dans les quelques portraits courts et succincts que nous donnons des « Braconniers d'eau douce », nous souhaitons qu'elles s'aperçoivent à temps qu'il est de leur intérêt particulier, comme de l'intérêt général, de la nécessité de conserver dans nos rivières, cette nourriture délicate et saine autant que digeste et nùtritive, que les poissons fournissent si généreusement.

Les « Braconniers d'eau douce » forment plusieurs catégories.

Voici d'abord

LE PÊCHEUR A LA MAIN

Le pêcheur à la main est un excellent nageur.

Durant quelques minutes, il cotoie les bords de la rivière, cherchant les bons endroits où de grosses racines ombragent les abris naturels des poissons et scrutant l'horizon pour s'assurer qu'aucun garde ne se trouve dans les environs. Suffisamment rassuré, il se déshabille, revêt un caleçon de bain, sans bruit, descend à l'eau, puis s'approche des excavations profondes des rives. Il les explore à la main et ne tarde pas à sentir le frétillement des poissons qui y ont établi leurs demeures. Très délicatement, il les saisit par les ouïes et les laisse tomber dans un filet suspendu à son cou, à moins que n'ayant un compagnon de fraude, il ne jette sur la rive, au fur et à mesure qu'il les prend, les habitants de l'onde qui ont été assez imprudents pour recevoir les traîtres caresses de leur ennemi acharné. Ce mode de pêche n'est toutefois pas sans danger : outre l'arrivée du représentant de la loi qui surprend brusquement le trop confiant pêcheur, celui-ci a encore à craindre les morsures des rats d'eau qui se trouvent parfois blottis dans les retraites souterraines. Mais, il ne s'inquiète pas pour si peu, et à un procès-verbal ou à une morsure près, il reprendra sa chasse aquatique pour la finir quand elle lui paraîtra assez abondante.

Voici maintenant

LE PÊCHEUR AU CORDEAU

Le pêcheur au cordeau tend son engin, une ficelle solide le long de laquelle sont attachés de forts hameçons, le soir, après le coucher du soleil. Les hameçons portent des amorces vives, grenouilles ou vers de terre destinés à attirer les brochets et les anguilles qu'il se propose spécialement de prendre. L'une des extrémités du cordeau est munie d'une tige de bois aiguisée enfoncée sur la rive ; l'autre porte une lourde pierre qui maintient l'engin au fond de l'eau.

De très bonne heure, le pêcheur retourne à la rivière, lève le cordeau, détache les poissons qui se sont pris durant la nuit et par des chemins détournés, regagne le village où il ne se trouve véritablement en sûreté qu'après avoir franchi le seuil de sa demeure.

Voici encore

LE PÊCHEUR AU GOUJONNIER

Celui-ci lance à la perfection le goujonnier, filet de pêche à mailles suffisamment resserrées pour que les succulents goujons ne puissent s'échapper de leur prison.

Cet amateur de friture sait pertinemment que tout gibier d'eau, autre que le goujon, doit être impitoyablement rejeté à la rivière ; mais il ne s'inquiète nullement d'observer le règlement. Il est accompagné d'un compère portant ostensiblement une ligne à petits hameçons.

Le goujonnier est lancé; il forme à la surface de l'eau un cercle parfait; il s'enfonce brusquement et lentement il est retiré. Le coup de filet est réussi : avec les goujons frétillent perches, rossettes et petites carpes. Le triage s'accomplit : les goujons passent dans le sac du pêcheur et les autres poissons, préalablement déchirés à la gueule par l'hameçon du compère, ne tardent pas à remplir le panier dont il est porteur. Et si le garde-pêche arrive, il ne peut guère constater le délit, à moins que se doutant de la ruse, il ne se cache derrière un buisson pour surprendre les braconniers à l'instant où ils vont se partager le butin d'un autre coup de filet.

Très souvent le pêcheur au goujonnier devient

LE PÊCHEUR NOCTURNE A L'ÉPERVIER

Dans ce cas, le filet dont il se sert a des mailles à diamètre variable.

Le pêcheur à l'épervier n'agit pas seul ; il a avec lui deux compères et tous trois profitent généralement d'un beau clair de lune pour marauder ; ce sont de véritables écumeurs de rivières.

Les voici à la besogne : deux traînent le filet, un sur chaque rive ; le troisième fait le guet. Ce dernier ne voyant rien de fâcheux à signaler, fait signe de commencer ; ses co-associés avancent peu à peu en remontant le cours d'eau ; quelques légères secousses se font sentir, certainement des poissons ont donné dans les bourses ; les pêcheurs relèvent le filet et jettent au guetteur toute la friture qu'il contient : chevennes, gardons, brêmes, ne tardent pas à emplir le havresac des maraudeurs.

Après quoi l'épervier est tordu, puis égoutté ; l'un des trois braconniers l'emporte sur l'épaule et tous s'empressent de regagner la cabane qui les abritera et où s'effectuera le partage du butin frauduleux.

Vers la source des rivières, là où l'eau est peu profonde, on rencontre surtout

LE PÊCHEUR A L' « ERTINE »

Le mot « ertine » désigne dans l'Argonne une sorte de panier en osier très allongé, avec deux petites poignées sur les grands côtés. Muni de cet engin, le pêcheur descend à l'eau avec un camarade porteur d'un hoyau ou mieux d'un « boulue », long manche de bois terminé par une espèce de boule en même matière.

Vite l' « ertine » est enfoncée dans la masse liquide, l'intérieur faisant perpendiculairement face au fil de l'eau, une des extrémités touchant aux cavités souterraines de la rive, l'autre se dirigeant vers le milieu du cours d'eau, le premier des grands côtés reposant sur le lit de la rivière, tandis que le second est maintenu par un pêcheur. Aussitôt, le second braconnier trouble l'eau, en la « boulant » suivant l'expression consacrée ; il commence à deux ou trois mètres de l' « ertine » pour s'en rapprocher lentement, tout en évitant de la frapper. Cela fait, son compère relève le panier horizontalement et lorsqu'il est complètement hors de l'eau, il saisit sans tarder les poissons qui y ont cherché refuge.

D'autres coups d' « ertine » suivent le premier, toujours en remontant le cours de la rivière, car en aval le poisson se trouve chassé par l'eau trouble, et, si la journée est favorable, en très peu de temps, les deux « Braconniers d'eau douce » ont fait une pêche qui ne le cède en rien, comme qualité et comme quantité, à celle des différents modes de braconnage qui viennent d'être brièvement décrits.

CHAPITRE IX

LE CANAL

Le « canal », tel est le nom par lequel les habitants de la « Vallée » désignent la Biesme, rivière qui coule parallèlement à l'Aisne et à l'Aire, à égale distance de ces deux cours d'eau, pour devenir ensuite tributaire du premier après avoir décrit une courbe vers l'Ouest à partir du Four-de-Paris.

Si la Biesme a pu mériter autrefois le qualificatif de « canal » tant à cause de sa direction à peu près rectiligne durant la première partie de son cours, que pour le transport du bois en radeaux qu'y faisaient nos ancêtres, elle ne le mérite nullement aujourd'hui, si on la compare aux multiples voies navigables qui sillonnent actuellement le Nord comme le Centre de la France.

Tout d'abord, si l'on considère le débit de ses eaux, il ne paraît plus possible qu'elle porte une embarcation. Durant la saison sèche, certains endroits présentent au plus quelques centimètres de profondeur et, à l'aide de grosses pierres jetées súr le fond argileux de la rivière, on la franchit aisément même sans mouiller la semelle de ses chaussures ; à peine, une coquille de noix y voguerait-elle à l'aise. Durant la saison pluvieuse, il en est tout autrement et souvent on rencontre trois ou quatre mètres d'eau ; mais alors, le courant, qui est devenu torrentueux, rendrait très difficile la navigation en remontant le fil de l'eau.

Ensuite, si l'on examine le lit de la rivière, on acquiert la certitude qu'un bateau, du tonnage ordinaire de ceux que l'on remarque sur nos canaux, n'y pourrait tenir en largeur ; les rives y sont en effet, parfois si resserrées, qu'en une enjambée — et non de celles du Petit Poucet — on peut sauter de l'une à l'autre.

A ces impossibilités s'en ajoutent encore d'autres : les ponts, dont la hauteur au-dessus du niveau de l'eau est insuffisante pour laisser passer un bateau de transport, les biefs et les barrages des moulins qui n'ont aucun passage de réservé pour les embarcations.

Est-ce à dire parce que la Biesme n'est plus véritablement un canal qu'il ne doive pas en être fait une description si courte soit-elle ? Il n'en est rien et ce serait au contraire une lacune très regrettable que de ne pas lui consacrer, aussi bien qu'à ses rives charmantes, quelques lignes dans les croquis de « Pays d'Argonne ».

Le parcours de la Biesme dévide vingt-cinq kilomètres, une vingtaine du sud au nord et le complément de l'est à l'ouest. Elle prend sa source aux étangs de Saint-Rouin et, après avoir coulé sous bois sur une longueur de deux à trois mille mètres, continue son cours au milieu d'une vallée agreste et souriante.

C'est plaisir de suivre les bords de la minuscule rivière dans sa jolie promenade, car le tableau champêtre qui se déroule devant les yeux émerveillés du promeneur est sans cesse renouvelé. Tout en foulant

sous ses pieds le tapis moelleux d'une des plus fertiles prairies de l'Argonne, il découvre sur sa droite,
Courupt, avec son antique maison de maître, seul
témoin local de la richesse des verriers du siècle
dernier; Futeau, le village forestier typique, où
suivant l'expression toujours vraie de M. André

PONT RUSTIQUE SUR LA BIESME

Theuriet, « toute la population vit de la forêt » ; la
Contrôlerie, située au sommet de la route de la
« Vallée » présentant, en cet endroit, quelque analogie avec de colossales montagnes russes ; les
Senades, où le lit de la Biesme, élargi, pour les
besoins d'une verrerie absolument remarquable, perd
en retour de sa beauté sauvage.

En aval de ce hameau, certains travaux d'art né-
cessités, d'une part, pour la voie ferrée de Châlons

à Metz, d'autre part, pour la route de Châlons à Verdun, rendent le « canal » de beaucoup moins poétique durant la traversée du gracieux bourg des Islettes.

La nature reprend ensuite ses droits. Seulement la forêt, qui jusque là avait constamment bordé la rive gauche de la Biesme, s'en éloigne peu à peu et jusqu'en-dessous du pont de Florent que dominent les talus tortueux d'une route d'où l'on jouit d'un panorama splendide, la rivière est encadrée des deux côtés par de riches pâturages, où broutent de paisibles troupeaux de vaches, surveillés par des pâtres communaux dont les sons aigus de la trompe rompent parfois le calme silence de la vallée.

Sur les rives du cours d'eau, au milieu du vert foncé des prairies et des bois, tranchent nettement les toits rouges des hameaux des Vignettes, de Broda et des Petites-Islettes, de la ferme de la Maison-Dieu, des villages de Neufour et du Claon.

Puis la «Vallée» se rétrécit, l'horizon se limite, et lorsque le touriste a laissé derrière lui La Chalade avec son église et son prieuré d'antan, cinquante mètres à peine le séparent, à droite comme à gauche, de la forêt d'Argonne qui enserre de plus en plus les bords verdoyants de l'étroite rivière ; ses eaux, détournées au hameau du Four-de-Paris, isolent une ancienne demeure seigneuriale, dernier vestige d'un mode de défense d'une époque déjà éloignée de la nôtre.

Les rives de la Biesme deviennent ensuite difficiles à suivre car elles sont presque complètement obstruées par certaines essences de bois, aulnelles, saules et peupliers, qui y croissent très abondamment. Néanmoins, que le promeneur ne se décourage pas, car bientôt il est récompensé de sa peine en traversant l'écart de la Harazée où de coquettes habitations, élevées dans les dépendances des rustiques demeures des vieux gentilhommes argonnais, en font un séjour justement envié.

Dès lors, le « canal » qui était à la fois meusien et marnais est devenu complètement champenois. Coïncidence assez bizarre, il perd en même temps tout son charme. Ce n'est plus qu'un cours d'eau très ordinaire, car si l'amateur de sites sauvages continue à suivre la rivière, il est vite désabusé. Il ne note plus au passage que le bourg de Vienne-le-Château, sur le territoire duquel la Biesme reste simplement un agent de fertilité pour la culture et une source de force motrice pour l'industrie jusque l'endroit où elle confond ses eaux avec celles de l'Aisne, en regard du village de Saint-Thomas, qui semble, du haut d'un léger coteau, présider très placidement à l'union définitive de deux des plus importants cours d'eau du « Pays d'Argonne ».

CHAPITRE X

LA PÊCHE DE L'ÉTANG

Depuis quelque temps, la pêche est annoncée sur les journaux des arrondissements de Sainte-Ménehould, Vouziers et Verdun. Empressés et joyeux sont les amateurs de poissons qui se préparent à aller chercher à bon compte la friture ou la matelotte annuelle que l'on fêtera en famille.

Aussi, au jour fixé, voitures et piétons encombrent-ils les chemins boueux et les sentiers étroits qui donnent accès à la chaussée de l'étang. Celui-ci est presque à sec. L'énorme quantité d'eau qu'il contenait a été évacuée avec précaution afin que les poissons aient le temps de sortir des herbes et de se réfugier dans la rigole principale où ils vont être pêchés dans quelques instants.

La senne, filet de pêche spécialement destiné à cette opération, est en effet tendue à l'extrémité supérieure de la rigole. Des pêcheurs, chaussés de bottes à tiges très élevées de façon que la vase n'y pénètre pas, descendent dans l'étang. Les uns saisissent les cordes qui permettent de traîner la senne ; les autres maintiennent au fond de l'eau la partie inférieure du filet. Au signal donné, la pêche commence; les pêcheurs se rapprochent de la vanne d'écoulement. Arrivés en cet endroit, ils ferment la senne en resserrant ses deux extrémités ce qui englobe le poisson dans une véritable prison.

Le spectacle est alors des plus curieux : l'eau disparaît tant la quantité recueillie est grande ; on ne voit que têtes frétillantes respirant fortement à la surface et cherchant à s'échapper des mailles qui les enserrent ; malgré leurs efforts, elles sont retenues prisonnières.

Tout autour, la foule des curieux se presse bruyante

Cliché J. Coupé.

UN COUP DE SENNE

et joyeuse, se montrant du doigt les plus belles pièces : carpes au miroir, carpes saumonées, brochets énormes, qui excitent l'envie des acheteurs ; mais, il leur faut prendre patience, la vente au détail ne peut encore avoir lieu.

Il y a là les spéculateurs en gros. Ils sont accompagnés de charretiers dont les lourds véhicules sont chargés de tonneaux à moitié remplis d'eau et fortement évidés à la bonde.

Les pêcheurs puisent dans la masse poissonneuse, ce pendant que les adjudicataires de la pêche procèdent au triage, au classement, à la mise en tonnes du contenu des raquettes. Le chargement terminé, les premières charrettes quittent la chaussée se dirigeant vers les localités des marchands en gros. A peine y sont-elles arrivées que le fretin des tonnes est versé dans des réservoirs spécialement aménagés à proximité d'un ruisseau ou d'une rivière afin que l'eau puisse en être renouvelée.

Durant les mois qui vont suivre, les poissons y seront aisément pris pour être revendus à de petits marchands qui parcourront les campagnes, la hotte au dos, en criant partout sur leur passage : « chand de poissons !... chand de poissons !... » de façon à attirer l'attention des ménagères qui sont leurs clientes habituelles.

Dans la rigole de l'étang, la pêche continue. Les coups de senne succèdent aux coups de senne ; tous les tonneaux sont vivement emplis et enlevés. Ce qui reste est alors mis en vente au détail sur place. Le prix se débat entre acheteurs et vendeurs et, d'un commun accord, il est fixé généralement à deux francs le kilogramme pour le brochet, un franc vingt centimes pour la carpe, soixante-quinze ou soixante centimes pour la friture.

Des balances sont installées sur des tables à tréteaux montées pour cette occasion. Les pesées se font sans interruption, car en cette saison — la pêche a lieu ordinairement fin octobre ou commencement de novembre — la nuit tombe bien vite dans les vallées profondes où se trouvent les étangs. Aussitôt servi, chacun s'éloigne, ayant grande hâte de rentrer au logis. Le soir même, car on est loin d'ignorer que le poisson frais est des plus délicieux, le dîner est composé exclusivement d'une copieuse friture; les grosses pièces sont réservées pour le lendemain. Et tout en prenant part au régal, ceux qui ont eu le plaisir d'assister à la pêche racontent gaiement les divers incidents de la journée tout en se promettant de recommencer une partie aussi intéressante lorsque pareille occasion viendra à se présenter.

CHAPITRE XI

LE CANARDIER

Non seulement les étangs de l'Argonne sont une source de revenus grâce aux poissons qu'ils fournissent et un endroit des plus récréatifs pour les amateurs de belles pêches, mais à cause d'un gibier d'un genre spécial, palmipèdes et échassiers de passage, que l'on y voit en quantité, ils sont encore pour les disciples de saint Hubert, des lieux de chasses excessivement recherchés.

Le canardier est le chasseur d'étang par excellence ; c'est un professionnel qui se désintéresse à peu près complètement du gibier terrestre.

Pour une somme excessivement variable, il loue annuellement le droit de chasse au propriétaire de la pièce d'eau où les canards abondent ordinairement.

Après quoi, au milieu des roseaux, de façon à ce qu'elle se confonde avec eux, il construit une hutte rustique. Le sol en est formé de tourbe entassée et piétinée, extraite aux environs ; la charpente est composée de pièces de bois non équarries provenant de la forêt voisine ; de doubles claies de roseaux en constituent les parois et la toiture ; çà et là, sur les côtés qui font face à l'étang, de petites ouvertures sont percées ; un ou deux escabeaux, une table primitive, quelques planchettes disposées en étagères, un lit de paille jeté dans un coin, des armes suspendues à des crochets en bois, tels sont l'ameublement sommaire et la disposition de la hutte du canardier.

A côté, une petite mare, dissimulée dans les hautes herbes abrite les « appelants », canards de race picarde, dont le rôle consiste justement à appeler leurs congénères sauvages ; tout à fait à proximité,

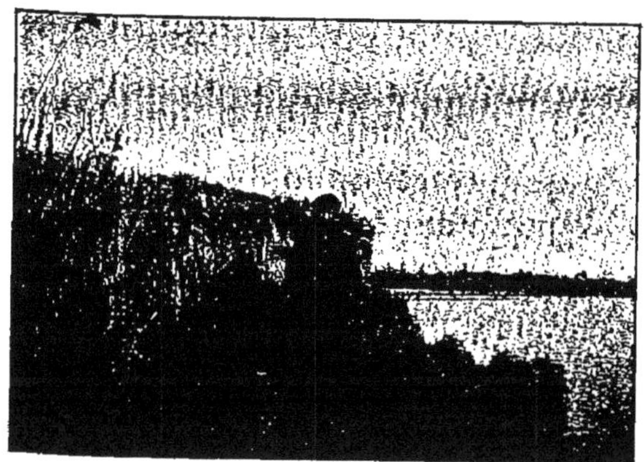

Cliché J. Coupé.

LE CANARDIER

une barque solide est amarrée afin de permettre au chasseur de faire le trajet de la hutte à la rive et inversement.

Dès les premiers jours de septembre, la chasse est enfin ouverte ; de bonne heure le canardier s'achemine vers sa hutte ; le soleil n'est point encore levé, et c'est avec peine que le chasseur distingue son chemin au travers des sentiers herbus de la forêt ; aussitôt à l'étang, il détache sa barque et sans bruit se dirige sur sa cabane. A peine abordé, il s'empare des appelants, et après avoir attaché à la patte de chacun d'eux une petite corde munie d'une pierre, il les jette en demi-cercle à plusieurs mètres de son abri.

Ces préparatifs terminés, il pénètre dans la hutte, charge soigneusement ses bons fusils qui portent si loin, ses « canardières » comme il les appelle, se poste, l'œil à la meurtrière, et, avec cette patience rare que l'on ne rencontre guère que chez les pêcheurs et chez les chasseurs, attend le passage du gibier.

Mais voici les premières lueurs du jour ; l'air retentit de petits cris confus, ce pendant que l'on distingue à peine sur le ciel quelques formes d'oiseaux : ce sont des canards sauvages qui descendent vers le Sud, abandonnant leurs berceaux déjà lointains de Suède et de Norwège, de Laponie ou de Sibérie, pour chercher en des pays tempérés des climats plus favorables.

Hélas ! tous n'arriveront pas au but. — Les appelants commencent leur rôle de traîtres et aux cris des canards domestiques les canards sauvages approchent de la surface de l'étang ; le canardier les suit des yeux et, quand il les sent à portée de son arme, il presse vivement la détente ; victimes de leur imprudence, quelques oiseaux tombent et expirent au milieu des eaux ; le chasseur saute dans sa barque, en deux coups de perche arrive à proximité du gibier qu'il s'empresse de saisir avant qu'il ne s'enfonce dans l'onde. — Rentré dans la hutte, il reprend sa place attendant d'autres passages jusque l'heure à laquelle les dernières lueurs du jour seront suffisamment indécises pour ne plus lui permettre de rien distinguer.

Ainsi, pendant de longs mois, généralement jusqu'à la fin de la première quinzaine d'avril, la vie du canardier se passera sur l'étang ; et, lorsque sera terminée la saison de chasse, canards de toutes les espèces : pilets, souchets, huppés, siffleurs, chipeaux, canards francs, collets verts, pattes noires, formeront un total des plus considérable, dont la vente, tout en ayant satisfait les caprices des gourmets, permettra au locataire de l'étang d'augmenter le petit pécule qu'il amasse chaque année, afin d'agrandir le morceau de terre entourant la modeste maisonnette dans laquelle il pourra passer une heureuse vieillesse complètement à l'abri du besoin.

Néanmoins, quoique soucieux de ses propres intérêts, le canardier n'est point un égoïste. — Aux beaux jours de chasse, surtout en novembre et en février, il lui arrive souvent d'emmener des amis à la hutte. On ne tue pas alors exclusivement le canard et malheur à tout oiseau de passage qui s'aventure trop près de la cabane : oies noires ou grises, cygnes, cormorans, macreuses, foulques, hérons, courlis, chevaliers, toutes espèces que l'on voit assez fréquemment en « Pays d'Argonne » sont impitoyablement canardés par les insatiables nemrods.

Puis, durant les minutes d'attente, on devise avec une franche gaîté gauloise sur les incidents qui ont marqué des chasses antérieures ; on raconte des légendes sur les divers oiseaux qui planent au-dessus de l'étang ; c'est ainsi que j'ai entendu narrer l'une d'entre elles qui m'a paru assez curieuse pour être reproduite ici et que l'on peut intituler :

Pourquoi et comment les canards sauvages, dits à pattes noires, sont devenus un aliment maigre ?

« Il y a déjà bien des siècles, tous les étangs de
« l'Argonne étaient possédés par les moines. Or,
« ceux-ci trouvaient difficilement à écouler le poisson.
« Quelques-uns d'entre eux songèrent, en cette occur-
« rence, à solliciter le concours de l'Eglise. C'est
« alors, dit la légende, que le poisson fut décrété
« aliment maigre et dès lors la vente du produit des
« étangs fut assurée.

« Mais les moines étaient également grands chas-
« seurs. Ils tuaient force canards sauvages. Tout le
« gibier ne pouvant être consommé au monastère, ils
« en mirent une partie en vente. Usant du stratagème
« qui avait réussi pour le poisson, le canard sauvage
« fut classé dans la catégorie des mêmes aliments et,
« durant de longues années, ce gibier fut vendu avec
« la plus grande facilité. Mais peu à peu l'habitude
« vint de considérer également les canards de basse-
« cour comme mets autorisé par l'Eglise. Consé-
« quemment la vente du canard sauvage se réduisit
« fortement. Sur ces entrefaites, un moine quelque
« peu observateur, avait remarqué que les canards
« domestiques présentaient rarement des pattes
« noires, tandis que cette particularité était fort
« commune chez les canards sauvages ; il proposa de
« décider que ces derniers seuls fussent considérés
« comme aliment maigre. Sa proposition fut adoptée.

« Et voilà pourquoi, aujourd'hui, on peut voir le
« canard sauvage à pattes noires figurer les jours
« d'abstinences dans le menu des personnes qui
« observent régulièrement les pratiques de la reli-
« gion catholique. »

Il y a presque certitude que des historiettes aussi
innocentes que celles-ci continueront toujours à
égayer les réunions des bons vivants que sont celles
des chasseurs de tous pays. Mais avant qu'il soit
longtemps, le personnage tout particulier qu'est le
canardier aura disparu.

Les étangs de l'Argonne deviennent en effet la
propriété de fervents amateurs de gibier d'eau. Ils
se réservent le droit de tuer le canard et les autres
oiseaux de passage, comme les adjudicataires des
chasses en forêt se réservent le droit de tuer les
chevreuils et les sangliers qui abondent par ici.

Avec eux, la chasse sur l'eau se transforme. L'étang
perd de sa sauvagerie et en même temps de sa poésie ;
les roseaux qui rompaient par place la monotonie de
la surface liquide, sont fauchés sans pitié ; une
chaussée ombragée d'herbes hautes conduit pédestrement à la hutte ; celle-ci est devenue une sorte de
petit fortin avec créneaux et meurtrières vitrées,
portes et fenêtres blindées et dans l'intérieur duquel,
cuisine, salle à manger, chambre à coucher, salon de
chasse, sont meublés avec tout le confort moderne.
Les engins du chasseur et les munitions sont des
plus perfectionnés et là aussi, pour ce plaisir sportif,
comme nous l'écrivions précédemment pour l'industrie argonnaise, la Science et le Progrès deviennent à grands pas les maîtres les plus absolus.

TROISIÈME PARTIE

—

CHAMPS & PRAIRIES

A cause de sa configuration orographique, le « Pays d'Argonne » est peu propre aux vastes exploitations agricoles ; en général, la grande culture n'y est guère développée. Néanmoins, dans les vallées de l'Aisne et de l'Aire, les soles des diverses céréales, blé, seigle, avoine et orge, y alternent avec celles des plantes fourragères telles que la luzerne et le trèfle et celles de quelques plantes sarclées, betteraves et pommes de terre. Par contre, l'étroit couloir de la Biesme ne présente que quelques rares chenevières, et que quelques champs exigus fortement resserrés entre la prairie et la forêt.

Vers le sud de la région, sur les flancs des coteaux bien exposés existent encore certains petits vignobles. Leur disparition va s'accentuant peu à peu et ils font place à de vastes plantations d'arbres fruitiers transformant une partie du terroir en de nombreux vergers, qui font, au printemps, du « Pays d'Argonne » un séjour véritablement enchanteur ; en effet, que l'on se promène, à cette époque de l'année, sur les versants ouest, est ou sud du plateau, on n'aperçoit de tous côtés que pruniers et cerisiers aux masses florales gigantesques, d'un blanc immaculé, répandant dans l'atmosphère un parfum délicieux. Et lorsque sous la poussée de la sève printanière, ces milliers de pétales jonchent le sol, les fleurs rosées des pommiers apportent un charme nouveau aux riches vergers argonnais qui donnent plus tard, aux voyageurs, l'impression d'une singulière forêt où le vert foncé des feuilles s'harmonise avec le vermillon, le pourpre et l'or des fruits que Pomone y accumule sans compter.

Là, où l'humidité du sol est assez abondante, c'est-à-dire à proximité des rivières et dans les ravines des ruisseaux dévalant des gorges boisées, de belles prairies ajoutent au pittoresque et à la richesse de la région.

Aussi, les habitants de l'Argonne trouvent-ils dans leur pays, force ressources pouvant satisfaire à la plupart de leurs besoins journaliers, tout en fournissant à l'observateur et au poète, soit à la saison de la **fenaison** et des **pâturages**, soit au moment de la **cueillette des fruits**, et des **vendanges**, soit à l'époque du **filage du chanvre**, de la **fabrication du cidre**, de la **distillation du kirsch**, l'occasion d'étudier et de chanter des mœurs locales d'une physionomie particulièrement originale.

CHAPITRE XII

LE BOUQUET DE LA FENAISON

Le chaud soleil de juin est tout-à-fait propice aux travaux de la fenaison ; faucheurs, faneurs et faneuses descendent chaque matin les sentiers ombragés qui conduisent à la prairie. De tous côtés, ce n'est que vie et mouvement : les bras robustes des hommes abattent en andains les herbes folles des prés pendant que femmes et filles, en jupes courtes et matinées claires, avec, sur la tête, le bagnolet argonnais, les éparpillent uniformément sur le sol, pour les retourner à diverses reprises et en faire des moyettes d'abord, puis des machets où le fourrage achèvera de jeter son feu.

Traînées par des attelages robustes, les lourdes voitures chargées de foin odorant remontent le soir les chemins qui aboutissent au plateau et, peu à peu, au fur et à mesure que les « sinauds » s'emplissent, plantes diverses de la vallée, trèfles et vulpins, houlques et paturins, pâquerettes blanches et boutons d'or, tombent impitoyablement sous la faux, meurent, se dessèchent, ne laissant après elles que le souvenir du vert tapis émaillé de vives couleurs qui faisait tout le charme de la prairie.

Mais les travaux de la fenaison ne vont pas tarder à se terminer. Encore une fois, l'attelage redescend la « Côte aux foins » et, conduit par le maître de la maison, se rend près des derniers machets où attend un essaim de jeunes faneurs et d'alertes faneuses. La voiture est lestement chargée ; la quantité de foin qu'elle porte n'est pas, à dessein, fort considérable, aussi chacun grimpe par l'échelette qui maintient le chargement à l'avant et s'installe sur la couche supérieure du précieux fourrage. La prairie est ainsi partiellement traversée sans que les cahots, les secousses, les inclinaisons brusques, dues à l'inégalité de la surface du terrain et au creux des petits ruisseaux, interrompent les gais propos et les fous rires des couples bruyants juchés sur un véhicule dont les ressorts sont pourtant moins que doux.

Tant bien que mal on arrive sur la route et l'on atteint le haut de la côte. Un arrêt de quelques minutes permet aux chevaux de reprendre haleine. A ce moment exact, la plus gentille faneuse, qui était repartie quelques heures auparavant, s'approche du maître et lui présente une branche de charme tout ornée de rubans aux couleurs claires et de bouquets de pivoines et de roses. Cela fait, la jolie bouquetière rejoint ses compagnes au faîte de la voiture et attache à l'échelette la branche enrubannée et fleurie que le maître lui tend. L'attelage se remet en marche et voici bientôt les premières maisons villageoises ; alors du haut du chariot s'échappent les cris cent fois répétés : « La charrette brûle ! la charrette brûle ! ». C'est une sorte d'avertissement et de provocation car, au même instant, les volets qui ferment les greniers des habitations bordant la rue où chemine le chariot du

bouquet, s'entr'ouvent furtivement et maints seaux
d'eau sont jetés sur la joyeuse compagnie qui n'en
continue pas moins à chanter et à provoquer d'autres

BOUQUET DE LA FENAISON

aspersions aussi longtemps que le parcours dure,
c'est-à-dire jusque quand le véhicule s'en vient se
ranger le long de la maison du maître. Les couples
enjambant alors l'ouverture du « sinaud », grimpent
sur le tas de foin, reçoivent à brassées le chargement
de la voiture, l'étendent et le tassent, en riant et se

bousculant, là où la place ne fait pas encore complètement défaut. Puis cette besogne finale terminée, un
des galants faneurs détache le bouquet et le cloue
au-dessus de la porte d'entrée de la grange où il
restera jusque la saison suivante, témoignant ainsi
de la rentrée définitive des foins.

Le soir, le souper du « bouquet » réunit la famille
du maître et le personnel complet des faucheurs et
des faneuses dans la grande salle de la maison : une
longue table en chêne massif occupe le centre de la
pièce, chacun prend place sur les sièges, bancs ou
chaises, qui l'entourent ; le maître occupe le haut
bout, ayant à sa droite la jeune fille à qui a échu
l'honneur de préparer et de présenter le « bouquet ».
La ménagère sert successivement aux gais travailleurs les mets qu'elle a préparés à leur intention :
gibelotte de lapin, poulet à la sauce blanche, fromage
à la crème, tarte aux cerises, le tout accompagné
d'excellent cidre mousseux dont la force gazeuse,
faisant parfois sauter le bouchon, excite les rires de
la tablée, lorsque le contenu du flacon inonde
l'échanson novice ou inexpérimenté qui n'a pas su
empêcher la sortie soudaine et bruyante de la boisson dorée. Et lorsque vient le dessert, les chansons
succèdent aux chansons, les devinettes aux devinettes, jusque une heure très avancée de la nuit ;
jeunes et vieux se séparent ensuite, les uns songeant
à ces multiples et saines réjouissances qu'ils ne
verront hélas plus guère ; les autres, pleins d'espoir,
rêvant d'amour et aspirant après le jour heureux
qui couronnera l'idylle villageoise si bien commencée
à la fête du « bouquet ».

CHAPITRE XIII

LE PATRE COMMUNAL

Quatre heures viennent de sonner à l'horloge communale, les sons aigus d'une trompe réveillent les villageoises, vêtues très sommairement, les pieds nus dans leurs sabots, elles s'empressent de traire les vaches impatientes beuglant à l'étable. Une seconde fois le cor retentit, les portes des écuries s'ouvrent et donnent passage aux bonnes bêtes qui se dirigent d'un pas lent vers la place principale où le pâtre corne pour la troisième fois.

C'est un type assez curieux que ce pâtre communal, ce « bouvier » comme on l'appelle dans l'Argonne, avec sa figure hâlée et noircie au soleil, sa longue barbe qui lui donne l'air d'un patriarche, son large chapeau qui porte les traces de bien des intempéries, son carnier à provisions et sa trompe au côté, sa corde roulée en sautoir et son fouet solide à la main. Depuis longtemps déjà il accomplit régulièrement sa tâche quotidienne et tout le monde l'estime car nul mieux que lui ne sait témoigner une sollicitude de tous les instants au troupeau qui lui est confié. Pourtant son salaire est bien modeste, un sou par jour par tête de bétail, un pot de lait à la fin du mois, tel est le gain que lui rapporte une besogne qu'il ne peut même accomplir que cinq ou six mois de l'année.

A peine tous les bestiaux sont-ils réunis autour du puits occupant le milieu de la place que le pâtre engage doucement les animaux dans la rue aboutissant à la route de la prairie. Elle est très dangereuse cette route, car elle côtoie un profond ravin où se tuerait infailliblement l'animal qui y serait entraîné ; mais le bouvier a l'œil partout, et grâce à ses fidèles compagnons, de gros chiens-loups faisant sans cesse la navette au bord du précipice, aucun accident ne se produit.

Voici le troupeau dans la prairie ; en homme prévoyant, le pâtre s'est préoccupé la veille du choix de la pâture ; la gorge de la Cens est très souvent l'endroit choisi, c'est d'ailleurs un des meilleurs pâturages de la vallée : l'herbe tendre et abondante, un ruisseau à l'eau claire où s'abreuvera le bétail, une bordure de peupliers à l'ombre desquels il s'abritera durant les chaudes heures de la journée, sont autant d'avantages qui militent en faveur de la gorge verdoyante. Les vaches s'y répandent un peu partout et çà et là alternent les blanches, les noires, les brunes, les tachetées dont les tons tranchent agréablement avec l'émeraude de la prairie. Durant plusieurs heures, les belles bêtes pâtureront sans trêve, faisant ample provision de cette riche nourriture grâce à laquelle elles fourniront un lait crémeux et parfumé digne de figurer à côté des meilleurs produits des troupeaux bretons et normands.

Le pâtre ne reste jamais inactif : le voilà qui sépare deux jeunes génisses qui veulent essayer la solidité de leurs cornes naissantes ; le voici qui lance ses chiens sur une maraudeuse qui s'est permise une petite excursion dans un champ voisin : tout à l'heure il éloignait plusieurs aventurières d'un gué dangereux où elles auraient enfoncé dans la vase au risque d'éprouver mille difficultés pour s'en retirer ; maintenant que c'est l'heure du repos, il pousse le troupeau à l'ombre des arbres et profite de ce répit pour prendre son frugal repas de midi qu'il arrose de quelques gobelets d'eau puisée à la source voisine.

La sieste terminée, les vaches se remettent à paître et l'on n'entend dans le silence de la prairie que le bruit qu'elles font en broutant l'herbe verte ; il en est ainsi jusque l'heure où le soleil disparaît au sommet de la gorge et où la masse noire des bois assombrit le vallon. Le troupeau reprend le chemin du village ; la montée est rude et le pâtre ralentit l'allure du bétail. Quelques coups de trompe annoncent sa rentrée au pays, les ménagères averties ouvrent les étables et les bonnes vaches au pis gonflé, à peine au bercail, donnent sans compter le bon lait écumeux encore tout imprégné des senteurs des herbes des prés.

Quant au pâtre, lorsqu'il s'est rendu compte qu'aucune bête ne vague dans la rue, il regagne à son tour sa maison avec la satisfaction du devoir accompli, disposé à se livrer sans retard au sommeil afin d'être prêt à recommencer le lendemain matin une tâche qui se continuera aussi longtemps que les froids de l'automne ne l'empêcheront pas de descendre dans la vallée.

CHAPITRE XIV

AU TEMPS DES PRUNES

On vient d'être informé par le tambour du village
que les commissionnaires parisiens prendront, à un
prix rémunérateur, les reines-claudes vermeilles et
les mirabelles dorées qui font ployer sous leur poids
les pruniers vigoureux des plantations voisines.

Aussitôt les vergers présentent une animation
extraordinaire : hommes, femmes et enfants s'y
livrent sans relâche à la récolte des prunes. Chacun
a son travail particulier : les hommes dressent les
échelles contre les frêles rameaux des pruniers et
détachent avec précaution les fruits au velouté déli-
cat ; les femmes recueillent sur le sol les prunes de
choix qui tombent par terre au moindre choc reçu
par les branches surchargées ; les enfants ramassent
les fruits détériorés que la chute a fendus ou simplement froissés. La joie règne sur tous les visages,
car la cueillette est abondante et l'on est assuré que
la vente permettra de passer sans souci la mauvaise saison qui est proche ; les cris et les rires des
bambins, les chants des gars et des filles, les inter-
pellations moqueuses et originales échangées d'un
arbre à l'autre, rompent le silence ordinaire des
vallons ; les hautes échelles dont la cime s'élance
vers l'azur du ciel, les hottes appuyées au tronc des
pruniers ou maintenues par des bâtons noueux, les

paniers aux formes diverses éparpillés un peu partout, les voitures arrêtées au bord du chemin creux,
les gens qui vont et qui viennent, changent la physionomie habituelle des vergers.

Et cela dure des matinées et des après-midi
entières, puis lorsque la journée est sur le point

Cliché Bassuel.

LA RÉCOLTE DES PRUNES

d'être terminée, on opère le triage définitif ; les
fruits sont classés en trois catégories, les prunes
avec queue, les prunes sans queue et les prunes
impropres au commerce.

Les premières seront transportées dans les granges
qui servent momentanément de magasin aux commissionnaires ; l'installation en est tout à fait rudimentaire : une table qui sert à la fois de caisse
et de bureau, une bascule, des liasses de vieux
journaux, des pyramides de paniers vides forment

tout le mobilier. Les cueilleurs arrivent ; on discute de part et d'autre sur la qualité et la beauté des produits ; on finit par se mettre d'accord, les pesées alternent avec les paiements ; pendant ce temps des emballeurs font passer les prunes des paniers des vendeurs dans ceux de l'acheteur ; puis les fruits sont chargés sur des chariots et emportés à la gare la plus proche afin de parvenir rapidement dans les grandes maisons de confiserie de la capitale et même d'outre-mer où ils seront transformés en confitures et en fruits à bocaux tant recherchés des enfants et des gourmets.

Quant aux prunes sans queue, dont le degré de maturité est plus avancé que le degré de celles de la catégorie précédente, elles seront cédées aux revendeurs du village. Les uns, les plus aisés, possesseurs de voitures spéciales tapissées intérieurement de nattes épaisses en roseaux, recouvertes de toiles imperméables maintenues par des sortes de demi cercles, partent les mardis et vendredis, vers le soir, par les routes qui conduisent aux villes avoisinantes et arrivent de bon matin sur les marchés de ces cités où ils écoulent sans grand'peine la totalité de leurs chargements.

Les autres, la hotte au dos, s'en vont par les sentiers de la forêt vers les villages plus déshérités et parcourent ces localités répétant sans discontinuer les cris connus : « Aux balosses ! aux balosses ! » qui attirent sur le seuil des portes leurs clientes fidèles auxquelles ils vendent au « quarteron » ou à la « livre » les prunes de la hottée qui s'allège peu à peu et à la nuit tombante, les petits marchands de balosses reviennent serrer dans le vieux bas les quelques francs recueillis sous par sous afin d'augmenter le pécule amassé en prévision de jours moins fortunés.

Dans les celliers adossés à l'arrière des habitations, des fûts de grandeurs diverses, sont alignés la bonde en haut et grande ouverte, sur deux soliveaux noircis par l'usage. Ces fûts vont recevoir les prunes de la troisième catégorie. Par un large entonnoir placé dans la bonde, des enfants jettent à pleines mains les fruits juteux et parfumés qui ne tardent pas à emplir les tonneaux ; de gros bouchons, grossièrement taillés en ferment ensuite les ouvertures ; ces prunes vont fermenter régulièrement répandant dans la pièce leurs odeurs capiteuses et l'hiver venu, elles seront bouillies dans la chaudière du « brandvinier » qui en extraiera une eau-de-vie au bouquet des plus délicieux dont la vente viendra augmenter les largesses du « temps des prunes » qui est véritablement un temps béni.

CHAPITRE XV

VENDANGES ARGONNAISES

Quinze jours se sont écoulés depuis le dimanche où les principaux vignerons du pays se sont réunis à la mairie pour décider qu'il y avait lieu de proclamer, suivant l'antique usage, le « ban des vendanges ». Durant cette quinzaine, en observation de la défense expresse de vendanger et même d'aller cueillir les quelques raisins pouvant servir de dessert à la fin des principaux repas journaliers, seuls les chauds rayons du soleil ont pu pénétrer les vignes mûrissant davantage les grappes purpurines.

Mais ce matin, le « ban » est levé, et l'on se dispose à faire la cueillette qui promet d'être des plus abondante ; aussi a-t-on fait appel aux parents et aux amis et c'est en bandes de huit à dix personnes que l'on s'en va par les chemins herbus encore tout humides de la rosée matinale, vers les coteaux aux ceps brunis et déjà baignés par les flots de lumière du soleil levant. Dans ce « hordon » volontaire, absence absolue de chef et par suite de discipline : chacun vendange à sa guise prenant seulement la précaution de ne pas trop laisser aux grappilleurs et de ne point empiéter sur les vignobles adjacents ; aucune uniformité dans le matériel de vendanges : paniers aussi variés de formes que de contenances et distribués de telle sorte que le plus volumineux échoit souvent au plus paresseux et le moins grand au plus zélé ; instruments de cueillette en rapport avec la profession ordinaire des vendangeurs d'occasion : serpette de bûcheron, couteau de poche de l'artisan, canif du petit clerc, ciseaux de la couturière ; par contre la bonne volonté supplée a la valeur de l'outillage, les lourdes grappes se rejoignent dans les paniers qui sont vidés dans les antiques « sapins », tout en bavardant, riant, chantant surtout ces couplets qui se perpétuent d'âge en âge, et que nous pouvons reproduire ici, grâce à l'amabilité de *M*^me *Victor Mauget :*

CHANSON DE VENDANGE

I

Grand Diu qué métier d'galère,
    Que d'être vigneron.
Toujou agaler (1) la terre,
    Par toutes les saisons,
J'aurions d'l'argent comme des nobes,
    Et comme des barons,
Qu'on n'dit jamais qu'c'est un homme,
    C'est un vigneron,
    C'est un vigneron.

II

Au matin j'purnons nout'hotte,
    Et tous nos outiaux ;
Nos sachiots (2) et nos hauloupes (3)
    Et nos hauloupiaux. (4)
De d'là j'allons boire la goutte,
    A poène pour six liards,
Çà nous fait casser in croûte,
    Ça chesse le brouillard,
    Ça chesse le brouillard.

III

Le soir quand j'rev'nons d'la vigne
Ma foi pas trop tard,
J'aperçuvons sur la « Ville »
Un épais brouillard.
C'est la fumée d'nos cambuses (5)
Qui sont enflammées ;
Nos cambusières (6) qui s'amusent
A faire nout' souper,
A faire nout' souper.

IV

Ah ! quel rupas délectable,
J'en lichons nos doigts :
Des poumes de terre sur la tâle,
D'la boune soupe aux pois,
Dou picton dans une grande cruche,
Ma foi bié gardé ;
Des courtiaux (7) en guise de buches,
Pour nous réchauffer,
Pour nous réchauffer.

GLOSSAIRE

(1) Niveler.   (5) Maisons.
(2) Serpes.   (6) Femmes.
(3) Guêtres.   (7) Echalas.
(4) Sabots.

Parfois une exclamation soudaine due à l'effroi causé par un lièvre surpris au gîte et qui détale au plus vite, par une chute sans gravité occasionnée par le bris d'un échalas sur lequel un invité prenait un point d'appui, fait pleuvoir sur le peureux ou sur le maladroit les quolibets de la bande entière : ce n'est là qu'une innocente diversion dont chacun ne fait que rire. Le raisin entassé, serré, comprimé emplit bientôt les

« sapins » jusqu'au bord ; le rôle des porteurs commence ; ces robustes gaillards les emportent au village et versent le raisin dans la grande cuve cerclée à neuf et disposée dans un coin de la grange ou du cellier. La cueillette interrompue seulement par le repas de midi, durera aussi longtemps que la clarté du jour permettra de distinguer le raisin dans les ceps feuillus.

Alors seulement, le « hordon » brisé, courbaturé, regagnera la maison où un dîner fortifiant et quelques vénérables bouteilles des bonnes cuvées des années remarquables, viendront lui faire oublier les fatigues qu'un sommeil réparateur enlèvera entièrement. Le lendemain et les jours suivants, la vendange continuera pour finir quand la récolte complète, déversée dans la cuve, devra subir l'opération du foulage.

Cette opération est des plus sommaire : un solide gars, vêtu d'un simple caleçon de bain, saute sur les grappes, les piétine et les foule tandis qu'autour de lui les maître et maîtresse de la maison supputent déjà la quantité et la qualité du vin nouveau. Pendant trois ou quatre jours et pour ainsi dire à la même heure, le foulage recommence ; la fermentation est suffisante quand on ne perçoit plus ce bruit particulier que fait le vin en bouillonnant ; on procède alors au tirage dans des fûts que l'on descend ensuite sur les chantiers de la vaste cave qui va d'un bout à l'autre de l'habitation. Là, le vin achève de se clarifier et lorsqu'il aura passé l'hiver, vers le mois de mars, on le mettra en bouteilles ; l'on obtiendra ainsi une boisson sinon capiteuse, du moins pétillante, délicate, agréable, très recherchée par les riches cultivateurs des alentours.

Outre ce vin rouge de cuvée, l'habitude existe également de tirer avant le foulage, dès le premier jour des vendanges, une petite quantité de vin blanc et le lendemain, une capacité à peu près égale de vin légèrement teinté plutôt connu sous le nom de vin gris ; l'un et l'autre, plus friands que le rouge, ne sont pas livrés au commerce ; on les conserve précieusement dans les recoins de la cave et plus tard, lorsque la bouteille en a quelque peu cassé l'acidité, ils apparaissent sur la table aux jours de fête de famille.

Après ces tirages successifs, les résidus de la cuve reçoivent une addition d'eau et de sucre ; une seconde fermentation se produit et l'on obtient un deuxième vin, dit vin de sucre, dont on se servira comme boisson journalière. Quant aux marcs qui restent après l'extraction du vin de sucre, ils sont le plus souvent jetés au fumier surtout depuis que la distillation est soumise à une sévère réglementation.

Les vendanges argonnaises ont encore leurs fêtes, mais celles-ci, qui tendent à disparaître, n'ont lieu qu'autant qu'une ample récolte dédommage les vignerons de leurs peines et de leurs dépenses. Le violoniste du village est alors réquisitionné et dans la salle de bal de l'auberge du pays, ou mieux sur la place de l'église si la température n'est pas inclémente, les couples de vendangeurs et de vendangeuses, malgré les fatigues de la journée, s'adonnent avec entrain aux plaisirs de la danse puis vont en-suite se reposer, afin d'être frais et dispos quand viendra le moment du réveil.

*
* *

A peine les vendanges argonnaises sont-elles ter-minées, que l'on se met à *cueillir les pommes* et à *fabriquer le cidre*. Un de nos bons amis, M. *Georges Piesveaux*, poète de haute valeur, a bien voulu chanter pour nous ces rustiques travaux d'automne ; nos lec-teurs nous sauront gré, sans aucun doute, de leur donner la primeur des deux charmantes pièces de vers que le poète intitule justement « Nos Pommiers » et le « Pressoir de chez nous » et qui remplaceront avantageusement nous en sommes persuadé nos très ordinaires descriptions.

Nos Pommiers

Si vous avez chanté la verte Normandie,
    Poètes, c'est que vous l'aimiez !
J'aime aussi mon terroir et ma muse mendie
    Quelques rimes pour ses pommiers.

Sur les coteaux et dans les plaines
Les uns jeunes et bien plantés,
Les autres vieux et mal entés,
Ils s'échelonnent par centaines.

N'importe ; ils sont beaux nos pommiers !
Et, parmi nos enfants d'Argonne
Qui sont les plus chers à Pomone,
Je les nommerai les premiers.

Le soleil de mai, dans leurs branches.
Mêle son rire et sa chanson
Aux « ventris tui » du pinson.
Caché sous les fleurettes blanches.

Blanches fleurettes, frais atours
Tendrement saupoudrés de rose,
Que sur leur tête ronde pose
Le dieu Printemps, — dieu des amours.

Les oiseaux pour les épousailles
Sont en quête, en cette saison ;
Et la nouvelle frondaison
Assiste à leurs rudes batailles.

« Restez chez vous, jolis ramiers ;
Plus de combats, plus de querelles !
Laissez leurs nids aux tourterelles
Qui roucoulent dans les pommiers…

Les petits ont brisé l'écaille ;
La pomme point sur les rameaux :
Recommandez bien aux marmots
De n'y faire pas une entaille. »

Ainsi le clos de mes aïeux,
Avec la bonne herbe qu'il donne
Et les fruits que promet l'automne,
Vaudra de l'or. — Ah ! les chers vieux !

L'arbre jusqu'à la terre incline
Ses longs bras, fiers de leurs produits ;
Il faut de solides appuis
Pour soulager sa rude échine.

Sous les chauds baisers du soleil
La *Normande* s'est empourprée ;
Voici la *Rainette* dorée
Et le *Croquet* au sang vermeil.

Dans l'émeraude de la feuille
Ce sont comme autant de rubis :
C'est la richesse du pays
Qu'au mois d'octobre l'on recueille.

Les pommes en un croulement
Tombent : tous nos gens les ramassent ;
Dans la charrette ils les entassent :
« Hue, oh ! Démarre, la jument ! »

Parfois, sur le bord d'une route,
Des fruits meurtris gisent, épars :
Bonne affaire pour les pillards
Qui rôdent, quand on n'y voit goutte.

....

Plus tard, dans le sillon désert,
Semant le deuil et la ruine
Cachés dans son manteau d'hermine,
Marchera le fantôme Hiver.

Il marchera sans trêve, injuste, inexorable.
    Parmi le gel et le frimas :
A ses coups répétés, à sa main redoutable,
    Nos pommiers n'échapperont pas.

Georges PIESVEAUX.

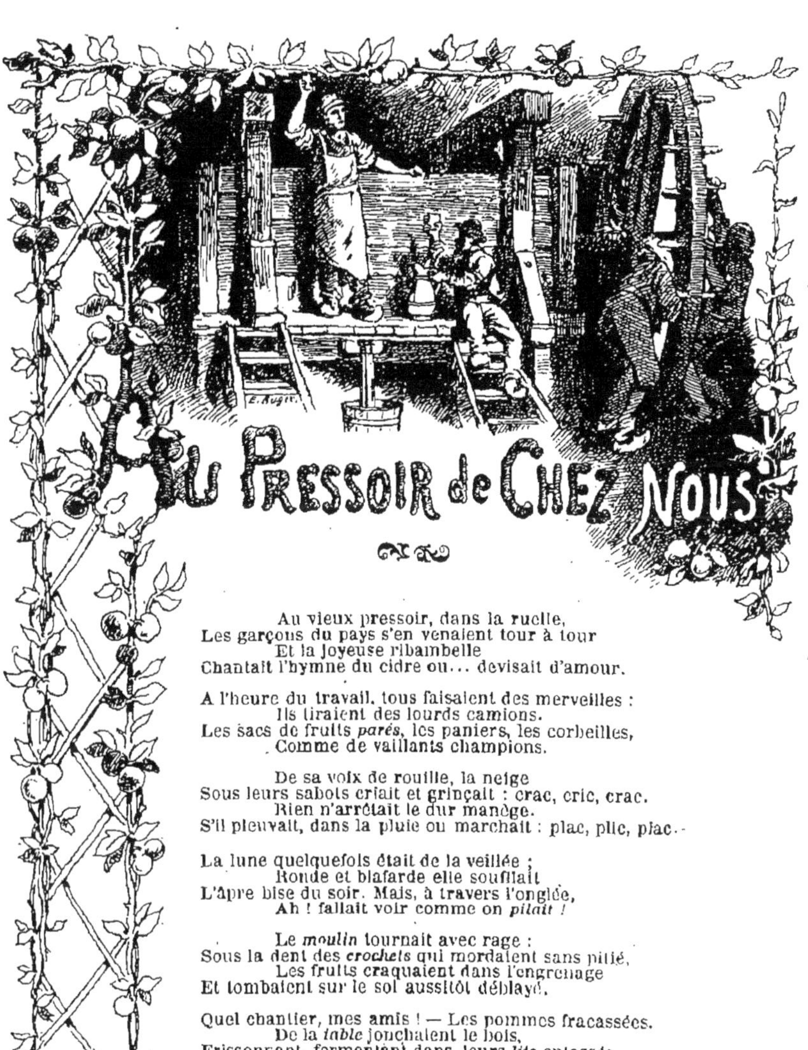

Au vieux pressoir, dans la ruelle,
Les garçons du pays s'en venaient tour à tour
Et la joyeuse ribambelle
Chantait l'hymne du cidre ou... devisait d'amour.

A l'heure du travail, tous faisaient des merveilles :
Ils tiraient des lourds camions.
Les sacs de fruits *parés*, les paniers, les corbeilles,
Comme de vaillants champions.

De sa voix de rouille, la neige
Sous leurs sabots criait et grinçait : crac, cric, crac.
Rien n'arrêtait le dur manège.
S'il pleuvait, dans la pluie on marchait : plac, plic, plac.

La lune quelquefois était de la veillée ;
Ronde et blafarde elle soufflait
L'âpre bise du soir. Mais, à travers l'onglée,
Ah ! fallait voir comme on *pilait* !

Le *moulin* tournait avec rage :
Sous la dent des *crochets* qui mordaient sans pitié,
Les fruits craquaient dans l'engrenage
Et tombaient sur le sol aussitôt déblayé.

Quel chantier, mes amis ! — Les pommes fracassées,
De la *table* jonchaient le bois,
Frissonnant, fermentant dans leurs *lits* entassés,
Ruisselant le long des parois.

« Hardi, les gâs ! — *Serrez la motte !*
« Mettez à la besogne un peu d'huile de bras ;
« Faites chanter la *pisselotte !*
« Le cidre coulera pour vous. — Hardi, les gâs ! »

Et les gâs se pendaient aux *chevrons* de la roue !
Et la *pisselotte* chantait ;
Quand la sueur en perle inondait chaque joue,
Aux lèvres ce refrain tintait :

« *A boire, à boire, à boire !*
« *S'en irons-nous sans boire ?*
« *Les bons enfants n'sont pas si fous*
« *Que d's'en aller sans boire un coup.* »

Georges PIESVEAUX.

CHAPITRE XVI

LA BRANDVINERIE

On désignait sous le nom de brandvinerie, une petite construction dans laquelle on distillait les cerises et les prunes, les marcs de pommes et de raisins, à l'époque où la distillation du kirsch et de l'eau-de-vie était à peu près exempte de toute surveillance administrative.

Celle que je connaissais le mieux se trouvait à l'extrémité du village, non loin d'une source à l'eau pure et limpide, convenant admirablement pour la correction de l'alcool, et à proximité d'un ravin creux où l'on pouvait jeter sans inconvénients les résidus de la fabrication de l'eau-de-vie. Une petite bâtisse en briques avec deux portes, trois fenêtres, trois cheminées, trois évents et un hangar attenant constituait tout l'établissement.

A l'intérieur, trois alambics occupaient, dans le sens de la longueur, la moitié de la superficie de la pièce. Mais qu'on ne se figure pas des appareils perfectionnés comme les alambics modernes. Chacun d'eux comprenait une sorte de fourneau en pierre morte ouvert sur le devant afin de permettre l'introduction du bois brûlant à même sur la terre battue de la brandvinerie ; à la partie supérieure de ce fourneau était introduite la chaudière, qui semblait faire corps avec le foyer, à cause de la maçonnerie les reliant

tous deux ; sur la chaudière était adaptée la cucur-
bite (la grosse pipe comme on l'appelait) qui se conti-
nuait par le serpentin plongeant dans l'eau du
« trentin », sorte de haut tonneau en bois, à la base

UN COIN DE LA BRANDVINERIE

duquel émergeait l'extrémité du serpentin surplom-
bant un baquet ou un vase en terre reposant dans
une cavité creusée à dessein dans le sol. A côté de
l'alambic l'on voyait éparses les diverses pièces du
mobilier rustique de la brandvinerie : des escabeaux,
une table en bois blanc, des hottes ou sapins pour

l'enlèvement des marcs distillés ; des scies, un chevalet, un billot, pour le débitage du bois ; des pincettes, des pelles à feu, des mains à braise, un étouffoir, pour le service du foyer ; des seaux, un pèse-liqueur ; sur un rayon des verres, des bouteilles, des almanachs, des jeux de cartes, et, dans un coin, un ou deux matelas.

A partir du mois d'octobre jusque fin mars, les trois alambics étaient constamment allumés. Chaque propriétaire amenait lui-même à la brandvinerie les marcs à distiller. On en emplissait la chaudière, puis sous l'action du feu, les matières fermentées laissaient échapper les vapeurs alcooliques ; celles-ci se condensaient dans le serpentin pour tomber en gouttelettes dans le récipient, on obtenait ainsi la « petite eau ». Ce liquide était soumis à la « repasse », c'est-à-dire à une seconde distillation qui donnait, cette fois, l'alcool proprement dit, que le brandvinier ramenait méthodiquement au degré voulu. Le propriétaire emportait chez lui l'eau-de-vie ou le kirsch obtenu que l'on consommait partiellement à la maison et que l'on vendait, pour le surplus, aux amateurs d'eau-de-vie de fruits des environs.

Toute personne qui faisait distiller était tenue de fournir son bois et de surveiller le feu des alambics aussi longtemps que la distillation durait. Il en résultait de longues veillées qui n'étaient interrompues que par de courtes heures de sommeil prises à la hâte sur les matelas poussiéreux.

Encore employait-on force stratagèmes afin de se tenir éveillés. Les jeux de cartes, les « philippe », les contes, les mascarades, les chants étaient alors les divertissements ordinaires des veillées de la brand-vinerie, où se rendaient d'ailleurs nombre d'habitants du village et plus spécialement les parents et amis de ceux pour qui le feu était à l'alambic.

Le jeu de cartes favori était le jeu dit de l' « as de pique » : un haricot formait la mise du joueur ; cinq haricots représentaient un sou ; lorsque l'on avait une cagnotte suffisante, on achetait une douzaine ou deux de biscuits que l'on mangeait tout en sirotant un petit verre d'une liqueur spéciale, de « philippe », boisson qui se composait d'eau-de-vie et de cidre mélangés dans la proportion d'une bouteille de cidre pour un cinquième de litre d'eau-de-vie, le tout additionné de sucre et transformé par une cuisson de quelques minutes en un sirop léger et chaud dont l'inconvénient le plus grave consistait à exciter la soif plutôt que de l'apaiser ; mais bah ! les « philippe » étaient si peu coûteux que l'on ne se faisait aucun scrupule de les multiplier dans le cours de la soirée.

Les contes étaient l'apanage des vieux : la « Sorcière de l'homme mort », la « Fée de la gorge aux couleuvres », le « Sabbat du puits aux quatre faux », « Berzida ou le Brigand du Pain de sucre » se disaient dans tous les villages. A ces contes s'ajoutaient des légendes, plutôt superstitieuses, qui ont été recueillies par des amateurs d'historiettes du bon vieux temps. La saveur locale de certaines de ces légendes nous engage à citer deux d'entre elles : la « Borne déplacée », que nous devons à l'obligeance de

M. L. Mauget, et le « Diable et l'Abbé, très spirituellement rapportée par *M. G. Chenet.*

LA BORNE DÉPLACÉE

Vers la fin du xviiie siècle, dans le petit village de Moiremont, un tisserand de l'endroit, remarquant que les moines de l'abbaye empiétaient chaque année sur l'une de ses chenevières, s'était avisé de déplacer la borne limitant son champ et celui des abbés, en ayant soin de prendre dans le terrain abbatial une largeur égale à celle que ses voisins lui avaient enlevée.

Naturellement les moines s'aperçurent du déplacement de la pierre et cherchèrent le moyen de punir la trop crédule population du village pour le soi-disant crime commis par le tisserand.

Le dimanche suivant, sachant que le coupable était à la messe, l'abbé monta en chaire et semblant animé d'une sainte colère prononça ce sermon :

« Avant-hier vendredi, le treize de ce mois, un manant du village a eu l'audace de commettre un sacrilège sur les terres de l'abbaye ; il s'est permis de déplacer, à son avantage, une borne près de l'étang de la Coinche. Qu'il soit puni de sa témérité, car le ciel courroucé ne tardera pas à lui demander compte. La justice divine plane sur sa tête et quel que soit son repentir, c'en est fait de lui : cet homme doit mourir dans l'année. »

La consternation était grande dans la paroisse, chacun se demandait quel était le coupable. Celui-ci, homme très superstitieux, tremblait comme la feuille et osait à peine lever les yeux.

De retour chez lui, il ne pensa plus qu'à sa fin prochaine; sa santé s'altérait de jour en jour; il touchait à peine aux aliments qu'on lui donnait. Sa femme et ses enfants tout éplorés n'osaient pas le questionner sur la nature de son mal, car à toute demande qui lui était faite, ou il gardait le silence, ou il répondait avec aigreur. Il fallait une victime, songeait-il sans cesse, et la victime c'était lui. En proie à un mal intérieur qu'on ne pouvait définir, son imagination était troublée par des hallucinations continuelles, par de sinistres appréhensions; des angoisses incessantes, des cauchemars fantastiques le poursuivaient dans ses rêves. La mort le délivra enfin; il mourut un vendredi, coïncidence bizarre, privé de tout secours et de toute consolation.

Deux jours après, le dimanche en chaire, le même abbé qui auparavant avait lancé la malédiction sur le pays, annonça que Dieu était satisfait, le coupable venant de mourir après une cruelle agonie et dans les plus horribles tourments.

Tout le monde était atterré et cet événement augmenta de beaucoup l'influence que les pères avaient déjà sur leurs paroissiens.

A quelque temps de là, vint la Toussaint, ce jour du culte des morts où chacun va porter des fleurs et un souvenir ému sur la tombe des parents et des amis qui ne sont plus. Seul le tombeau du pauvre tisserand ne reçut ni visite, ni bouquet, les habitants craignant d'être remarqués par les abbés et de s'attirer de ce fait leur colère et leur vengeance. Bientôt la nuit tomba, morne et sombre, lugubre comme les cérémonies funèbres ; chacun se coucha et dormit à peine dans la crainte d'être maltraité par quelque esprit malfaisant.

Vers minuit, une rumeur confuse se fait entendre, tout le monde tremble ; on croit que ce sont les morts qui sortent de leurs tombeaux et qui vont à leur tour célébrer leur fête ; l'église se remplit de lueurs, des ombres fantastiques se meuvent et se reflètent sur les murailles intérieures de l'édifice.

A la même heure, un soldat du régiment des *Dragons-colonel-général*, égaré dans la région, cherchait à rejoindre son corps. Fatigué d'une longue course, il veut prendre quelque repos à Moiremont. Il frappe à la première porte qui se trouve sur son chemin, point de réponse.....; à une deuxième, même silence. « Sont-ils morts dans ce fichu pays, se dit-il, personne ne répondant à ses appels ! » Il frappe encore à une troisième, à une quatrième habitation. Cette fois, une voix tremblante demande : « Qui est là ? » — Un soldat de Louis XVI qui demande à passer la nuit sous votre toit, répliqua le voyageur. Un soldat ! c'est la tranquillité, pensa notre paysan ; il bat le briquet, allume le crasset, et s'empresse d'ouvrir sa porte.

Le manant s'excuse d'avoir fait attendre si longtemps dehors un Royal-Dragon et, tout en restaurant son hôte, lui donne les motifs de la terreur qui règne au village. N'est-ce que cela, réplique le militaire ? Ah ! je comprends, les moines profitent de votre ignorance pour vous plonger de plus en plus dans la superstition. Tenez, maintenant que je suis quelque peu reposé, accompagnez-moi à l'église et je vous ferai voir que ce que vous croyez être les âmes des morts, n'est qu'une réunion de religieux, revêtus de linceuls, qui jouent cette comédie macabre pour épouvanter la population. Allons, mon brave homme, achevez de vous vêtir et suivez-moi.

— Oh! jamais, Monsieur le soldat, jamais ! s'écrie le manant. Ne savez-vous donc point à quoi vous nous exposeriez ? N'entendez-vous pas là-bas au coin du cimetière une voix qui crie depuis de longues heures : « Où faut-il la replacer ? Où faut-il la replacer ? » C'est la voix d'un mien cousin qui, de son vivant, avait changé de place la borne d'un champ mitoyen avec les terres de l'abbaye, prétendant que le monastère s'emparait peu à peu de son terrain. Les moines se sont vengés en lui prédisant qu'il mourrait dans l'année, et malheureusement la prédiction s'est réalisée. L'entendez-vous ? l'entendez-vous encore ? Oh ! monsieur, rentrons, rentrons bien vite ! voyez donc les hiboux avec leurs yeux de feu, les chauves-souris qui planent au-dessus de nous et nous avertissent du danger ; je suis glacé d'effroi, tout est contre nous !

— Assez de réflexions stupides, dit le soldat. Passez-moi mon mousquet ; indiquez-moi le chemin et rentrez chez vous. Quant à moi, je suis très curieux d'aller converser avec les spectres qui vous effrayent. Et sans se préoccuper davantage des lamentations du paysan, le militaire s'avance sans hésiter parmi les tombes et ne tarde pas à se trouver face à face avec un spectre blanc qui gémit toujours : « Où faut-il la replacer ? où faut-il la replacer ? » Sans plus tarder le soldat épaule son fusil, vise le spectre et lui crie : « Qui es-tu, homme des ténèbres, dis-moi ton nom, ou tu es mort ? » Aussitôt le moine, car c'en était un, rejette son linceul en arrière et d'une voix que la frayeur faisait trembler avoue sa supercherie, engage le dragon à venir faire bonne chère au monastère, tout en le priant de ne rien dire de ce qu'il vient de voir, car autrement ajouta-t-il, il causerait un tort considérable à la réputation du couvent.

LE DIABLE ET L'ABBÉ

C'était en l'an de grâce 1280, à la tombée d'un jour brumeux de novembre ; pendant que dans les salles voisines, chaque moine vaquait à la besogne accoutumée, dans le vaste cloître de La Chalade, le vénérable prieur Dom Thibault, se promenait à pas lents, la tête basse, l'air douloureusement accablé.

Il était triste, bien triste, le bon Thibault, malgré l'esprit discipliné de ses fils spirituels, malgré l'état florissant de la maison confiée à ses soins.

Fondée en 1120 par Robert et Ricuin de Saint-Vannes au milieu des marécages de la vallée de la Biesme, au pied d'une agreste chalaide, peuplée de moines bénédictins remplacés en 1127 par des cisterciens, placés sous la bienveillante tutelle des évêques de Verdun et sous la protection efficace des sires de Vienne-le-Château, grâce à l'administration intelligente des premiers abbés, la communauté avait rapidement prospéré.

Les coteaux voisins avaient été défrichés et produisaient d'abondantes récoltes ; le marécage assaini était converti par endroit en étangs poissonneux ; les manants attirés par la douceur et l'industrieuse activité des fils de Citeaux s'étaient groupés autour du monastère et se livraient paisiblement aux travaux agricoles ou exploitaient, sous la direction des moines, dans la gorge de Pairupt, un ouvreau à bouteilles et à gobelets de formes très diverses ; non loin de là, au hameau du Claon, s'était installée une petite tuilerie dont les produits avaient acquis une véritable réputation.

Ces travaux et ces industries avaient accru les revenus de l'abbaye ; le couvent, bien précaire à l'origine, s'était agrandi considérablement : de solides bâtiments, édifiés sur pilotis avec de belles et vastes salles de pur style ogival, avec de nombreuses cellules, avaient remplacé les huttes de torchis des premiers religieux.

Cependant la chapelle était encore bien modeste et depuis son élévation à la dignité de prieur, Dom Thibault avait constamment la louable ambition, ou plutôt, il faut bien l'avouer, le désir orgueilleux de bâtir une église plus grandiose que celle des monastères voisins de Beaulieu et de Moiremont.

Commencé en 1275, l'édifice était déjà bien avancé. Le chœur et le transept étaient terminés, la grande nef et les collatéraux complètement amorcés. Mais, hélas, malgré un judicieux emploi des

fonds économisés par les précédents prieurs, malgré
le concours empressé des populations voisines,
malgré même la proximité des carrières de pierre
gaize ouvertes au flanc des coteaux d'alentour, les
dépenses avaient été au delà de toutes prévisions et

Cliché Blgé.

ÉGLISE DE LA CHALADE

le besoin d'argent se faisait cruellement sentir. La
situation était telle que Dom Thibault désespérait
maintenant de mener à bonne fin son entreprise.

Aussi, en ce soir de novembre, il lui semblait
que tous les brouillards de la vallée s'épaississaient
sur son âme et que le deuil de la nature l'accablait
plus que d'habitude.

Sentant croître son angoisse sous les sombres
voûtes du cloître, il sortait pour baigner de la fraî-

cheur du crépuscule son front brûlant, lorsqu'il aperçut, débouchant de la sente du Claon, un inconnu
qui se dirigeait vers lui. Vêtu d'un long froc de bure,
appuyé sur un bourdon de pèlerin, sa patenôtre à la
ceinture, le passant, un vieillard à la tête chauve,
l'aborda respectueusement :

— « La paix soit avec vous, mon père !

— Et avec votre esprit ! Que voulez-vous de moi,
répartit le prieur ?

— Un morceau de pain noir et un gîte pour cette
nuit.

— Vous partagerez notre repas frugal et vous repo-
serez parmi nous. Mais qui êtes-vous ? d'où venez-
vous ?

— Je suis un pêcheur qui passe sa vie sur les
grands chemins ; je viens de prier aux Lieux
saints. J'en ai rapporté peu de profit pour mon
corps, mais beaucoup pour mon âme et quelque
expérience qui fut souvent de grand secours aux
chrétiens dans l'affliction. Mais, vous-même, mon
Père, vous paraissez soucieux. Si vous avez confiance
en un pauvre pèlerin, dites-moi votre peine et peut-
être pourrai-je vous donner quelque bon conseil ? »

Encouragé par ces paroles, le cœur bien dolent,
l'abbé dit son désir d'achever son église aux
voûtes altières, il dit aussi son espoir de la couronner
d'un campanile surmonté d'une flèche très élevée,
laquelle, aperçue de loin, ferait connaître à tous la
richesse et la puissance de l'abbaye de La Chalade.

Il dit surtout, tout en se lamentant, l'état actuel
des travaux, l'achèvement de l'édifice bien compro-

mis, le vide de son escarcelle et son désespoir de ne trouver aucun moyen de la remplir. Que ne donnerait-il pas pour réussir, ses privilèges et dignités, son sang, sa vie, s'il le fallait !

Le pèlerin l'écoutait avec intérêt. Soudain, le fixant d'un œil bienveillant, il répliqua : « Ne vous désolez pas, bon Père, à tout mal il y a remède. En mes longs voyages, j'ai beaucoup vu et beaucoup appris ; si vous voulez vous en remettre entièrement à moi, je me charge de vous livrer bientôt l'église complètement terminée, plus belle encore que vous ne l'avez rêvée.

— Serait-ce possible ? Mais qu'exigerez-vous de moi en retour ?

— Très peu de chose, en vérité, dont nous reparlerons en temps opportun. Promettez-moi seulement de m'accorder ce que je vous demanderai alors.

— Votre offre est bien séduisante, mais je ne veux m'engager ainsi sans savoir.

— N'ayez crainte, mon salaire sera minime.

— Mais encore ?

— Eh bien, soit ! Vous me laisserez le droit de prendre l'âme du premier chrétien qui franchira le seuil de l'édifice. »

A ces mots, le prieur releva brusquement la tête, ses yeux se dessillèrent, et chassant le tentateur d'un geste irrité : « Arrière, maudit ! » s'écria-t-il. L'autre eut un rire moqueur, puis il ajouta : « Au revoir, abbé, la nuit porte conseil, je reviendrai demain. Sache surtout qu'il vaut mieux m'avoir pour ami que pour ennemi ; tu crois maintenant me connaître mais tu ignores encore quelle puissance est la mienne, en voici d'ailleurs la preuve ! »

Et d'un coup de son pied fourchu, il dispersa les pauvres manses groupées près du couvent et les envoya tomber de tous côtés, sur les coteaux, dans le vallon, à la Chevrie, au Caurier, le long du rupt des Sept-Fontaines et jusque sur les pentes de Beauregard, puis il disparut.

Dom Thibault, tout bouleversé, passa la nuit en oraisons. Le lendemain, dès l'aube, il était encore debout dans le cloître, réfléchissant à son aventure de la veille, lorsque Satan apparut, cette fois sous les traits d'un gentil damoiseau, vêtu d'un pourpoint écarlate, le chef couvert d'une toque ornée d'une plume d'aigle et maniant avec aisance une houssine légère. L'abbé, nullement dupe, se signa dévotement. Le Malin n'en eut cure et, d'un ton sarcastique, s'adressant au prieur, lui parla en ces termes : « Dis-moi, frocard, as-tu réfléchi ? Cette fois, il faut en finir. Veux-tu, oui ou non, que je te bâtisse une église, pour le prix que je t'ai demandé ? Je te préviens que si tu refuses, tu t'en repentiras toujours ; tu vivras misérablement, accusé par tous d'avoir dilapidé le trésor de l'abbaye. Au contraire, si tu acceptes, grâce à mon appui, tu arriveras au faîte des honneurs, tu obtiendras toutes les richesses, je satisferai tes moindres désirs ».

Pour toute réponse, le moine tomba à genoux, s'écriant : « Saint Michel, délivrez-moi du Serpent. »

Un ricanement sinistre lui répondit, Satan était déjà de l'autre côté de la Biesme et frappait de sa houssine la crête de l'Argonne.

Soudain le sol trembla, une violente odeur de soufre emplit l'atmosphère. Les tâcherons, qui extrayaient la pierre dans les carrières des environs, rentrèrent immédiatement, déclarant que tous les blocs s'effritaient et ne se laissaient plus travailler.

Le Diable s'était bien vengé. Par la suite, on eut beau sonder de tous côtés, jamais plus dans les environs de La Chalade on ne trouva de gaize en bloc ; l'église en resta là ; à grand'peine put-on rassembler quelques moellons pour former la nef principale.

Dom Thibault finit ses jours dans la pénitence ; ses successeurs ne purent édifier la flèche rêvée. Aujourd'hui encore, faute de clocher, quatre superbes cloches restent suspendues sous un hangar, auprès du couvent, d'antique mémoire.

Les maisons du village sont toujours éparpillées de tous côtés, aux endroits où le diable les envoya, et le voyageur superstitieux attardé le soir de la Toussaint, sur la route de la « Vallée », semble apercevoir une ombre blafarde qui plane à la lisière de la forêt ; c'est, disent les gens du pays, l'âme du prieur, du Moine blanc, qui revient voir, mais toujours en vain, si son église est achevée.

* * *

Ces contes, ou plutôt ces légendes, causaient une réelle frayeur aux auditeurs placés en cercle autour du narrateur ; cette frayeur atteignait son paroxysme lorsque la porte de la brandvinerie s'ouvrant brusquement laissait passage à une bande de masques, c'est-à-dire de jeunes gens déguisés qui

en marié et mariée, qui en pompier et garde-national,
qui en diablotin ou sorcière, se livrant à une danse
spéciale, dite « danse des chiens », quelque chose
comme le cake-walk actuel, pendant que les fous
rires des auditeurs succédaient à l'effroi et que les
chants excitaient les danseurs inconnus qui ne quittaient la brandvinerie qu'autant qu'on leur avait
offert une petite goutte d'eau-de-vie.

Aujourd'hui, la brandvinerie fermée commence à
tomber en ruines ; peut-être la relèvera-t-on si l'obli-
gation s'impose un jour d'établir des distilleries
communales. Mais les antiques coutumes dont elle
était témoin sont à jamais disparues : plus d'un
parmi nous, blasé par les fêtes modernes, sourit
quand on lui rappelle ces naïfs passe-temps ; ne
soyons pas si sceptiques, n'oublions pas qu'ils faisaient les délices de nos aïeux et que, pour cette
seule raison, ils ont droit, sinon à notre respect, du
moins à l'abstention de toute moquerie injuste ou
ridicule.

CHAPITRE XVII

LA CAVÉE

Si les veillées de la brandvinerie étaient le lieu de rendez-vous des hommes, celles de la cavée étaient pour ainsi dire réservées aux femmes. Le mot cavée désignait à la fois la cave où se réunissaient les veilleuses et l'assemblée de ces veilleuses elle-même. Généralement les cavées portaient le nom de la propriétaire de la maison renfermant une cave pour veillée : ainsi l'on disait la cavée de Marianne, de Madeleine, de Catherine, de l'Eveillée, de Babette.

L'hiver venu, lorsque le lin, récolté au pays même, avait été teillé et espadé par le teilleur du village et que la provision de filasse de chanvre avait été rapportée de la foire du bourg voisin, on se rendait à la cavée afin d'y filer la toile du trousseau personnel ou de celui d'une sœur ou d'une parente. Chaque fileuse emportait avec elle son fuseau ou son touret (désignation locale du rouet), son couvet (mot désignant une sorte de chauffoir en poterie), et une petite botte de paille ; celle-ci était étendue sur le sol de la cave afin d'en absorber l'humidité ; le couvet renfermait de la braise recouverte de cendre : c'était le seul mode de chauffage utilisé ; le fuseau recevait le fil que les femmes fabriquaient en tordant entre deux doigts mouillés de salive la filasse maintenue autour d'un bâton rattaché à la ceinture ; le touret

présentait comme partie essentielle une roue manœu-
vrée au pied comme celle des remouleurs, cette roue
faisait tourner une bobine autour de laquelle

Cliché Bassuel.

« BABETTE » LA FILEUSE

s'enroulait le fil qui sortait sans interruption des
mains agiles de la fileuse.

Dans la cavée, on remarquait en outre des chaises
pour les veilleuses et au milieu de la cave une sorte
de flambeau en bois dont la partie supérieure portait
trois pointes entre lesquelles on introduisait la

chandelle ; cet appareil d'éclairage se nommait le « père omnia », il remplaçait l'antique « lumignon », sorte de récipient rempli d'huile dans laquelle trempait une mèche ne donnant qu'une clarté fumeuse et douteuse. L'éclairage était fourni à tour de rôle par les personnes fréquentant la cavée ; de plus, la fileuse qui apportait la chandelle était tenue de la moucher autant de fois que la nécessité s'en imposait et ses compagnes ne se faisaient pas défaut de la rappeler à l'ordre lorsque, absorbée par son fuseau ou par son rouet, elle laissait la mèche atteindre une longueur démesurée.

Une cavée réunissait ordinairement, douze ou quinze personnes. Tout en y travaillant, on y bavardait, on y chantait, on y riait ; la conversation se rapportait le plus souvent aux aventures ou incidents produits tout récemment dans le village ; les chants étaient les charmantes et vieilles romances de nos grand'mères dont certains d'entre nous se rappellent encore les couplets naïfs. La gaieté était excitée par les contes que les doyennes des cavées narraient délicieusement et par les énigmes que l'on se proposait mutuellement ; on y riait également de bon cœur, lorsque les masques au sortir de la brandvinerie venaient faire apparition dans la cave et y danser quelques instants pendant que les fileuses reprenaient en cœur les refrains propres à rythmer la cadence des visiteurs masqués.

Les masques n'étaient pas les seuls jeunes gens reçus dans les cavées ; l'entrée en était également permise aux garçons raisonnables qui y venaient tenir compagnie aux jeunes filles. Bien des mariages se sont décidés de cette façon en ces rustiques veillées villageoises. Dans certains pays, il n'y avait ni chaises, ni escabeaux pour ces hôtes de quelques heures ; comme sièges, ils devaient se contenter d'une simple planchette reposant sur les barreaux des chaises de deux fileuses voisines, lesquelles ne manquaient jamais, par un mouvement de recul aussi leste qu'inattendu, de projeter par terre l'infortuné garçon à la plus grande joie de l'assistance entière. C'était là une farce innocente et sans danger à cause de la paille amortissant la chute de la victime qui ne faisait que prendre du bon côté le joyeux incident.

Mais à cette farce s'en ajoutait d'autres, malheureusement plus grossières, ayant pour auteurs aussi bien des adolescents que des adultes dont le plus grand plaisir consistait à causer une peur plus ou moins intense aux habituées des cavées. Les uns, prenant pour but le « père omnia » lançaient force pelotons de neige occasionnant la chute de la chandelle, ce qui plongeait la cave dans l'obscurité complète ; les autres, amenant près de la trappe d'énormes boules de neige, les laissaient rouler sur les marches sans s'inquiéter si les fileuses n'auraient pas à souffrir de ces minuscules avalanches ; certains, après avoir préalablement rempli des vieux paniers de tessons de bouteilles et de verres cassés, jetaient contenant et contenu sur l'escalier, produisant ainsi un tapage infernal faisant pousser des cris d'effroi aux veilleuses épouvantées ; plusieurs, de peu spirituels personnages ceux-là, recherchant les cadavres de petits animaux, les descendaient à l'aide d'une corde aux pieds des malheureuses femmes qui ne savaient où se réfugier pour échapper à ces contacts infects.

Ces farces comme celle qui consistait à éteindre brusquement la lanterne de la veilleuse attardée regagnant sa demeure après la soirée finie, sont certainement ce qui est le moins à regretter des bonnes veillées d'antan.

Lorsqu'arrivait le dernier jour de la saison des cavées on « noyait le pihouri », c'est-à-dire le bout de chandelle restant sur le « père omnia ». On commençait par manger des gaufres, des beignets et autres pâtisseries que l'on préparait sur le feu de la vaste cheminée de la cuisine, puis on buvait du vin chaud et sucré ainsi qu'un petit verre de ratafia « jus obtenu en mettant des cerises noires et du sucre dans des bocaux d'eau-de-vie ». Ensuite on se rendait près de la mare du village, une jeune fille portant sur une planchette le « pihouri » allumé qu'elle s'efforçait de garantir des atteintes du vent. Délicatement, la planche était posée sur l'eau de la mare et le tout s'en allait flottant, cependant que sur les bords de l'eau toutes les femmes dansaient la ronde et chantaient aussi longtemps que la chandelle restait allumée. Après quoi, considérant le « pihouri » comme noyé, on retournait à la cavée quérir ce qu'on y avait à enlever, et l'on s'y donnait rendez-vous pour l'hiver suivant.

QUATRIÈME PARTIE

—

LA FORÊT

La Forêt est certainement la caractéristique du « Pays d'Argonne ». C'est une suite de plateaux et de vallons boisés formant deux massifs compacts dont l'un, compris entre la Biesme et l'Aisne, va de Passavant à Vienne-le-Château ; et l'autre, bordé à l'ouest par la Biesme d'abord, par les prairies de la rive droite de l'Aisne ensuite, limité à l'est par l'Aire, s'étend de Beaulieu à Marcq. La « Forêt d'Argonne » se continue par des bois moins pittoresques couvrant une bande de pays allant du sud au nord, depuis Grandpré jusqu'au Chesne.

Plateaux d'où se découvrent de gracieux panoramas, arbres antiques offrant l'abri de leurs branches séculaires ; combes ombreuses où retentit la cognée du bucheron ; futaies paisibles aux essences d'hêtres et de bouleaux, de charmes et de frênes, de chênes et de coudriers ; feuillées épaisses où s'abritent rouges-gorges et bouvreuils, linots et rossignols, merles et geais ; gorges étroites où jaillissent des sources à l'eau limpide et transparente ; pentes agrestes où gambadent follement les chevreuils ; chemins et sentiers bordés d'une riche flore sylvaine ; maisons de gardes où l'on reçoit la plus franche hospitalité, tels sont quelques-uns des agréments de cette forêt qu'André Theuriet s'est plu si souvent à décrire dans ses romans argonnais.

D'ailleurs il n'est pas jusqu'aux aspects de la forêt qui ne varient avec les saisons : au printemps, ce sont les bois qui s'éveillent avec les nuances si fraîches du feuillage qui renaît et des fleurs qui s'ouvrent ; en été, ce sont les grandes masses feuillues qui laissent à peine entrevoir le ciel ; en automne, c'est la chute des feuilles qui jonchent le sol d'un tapis doré ; en hiver, c'est la neige qui tombe, recouvrant les troncs et les rameaux d'un grand manteau blanc.

La « Forêt d'Argonne » ne paraît pas seulement **agréable** *à ceux qui savent aimer et admirer la nature. Elle donne aussi sans compter* **ses mille trésors,** *fraises, framboises, noisettes, champignons que les femmes vont ramasser et vendre ensuite au profit de la maisonnée ;* **ouvriers forestiers** *s'y livrent constamment au dur, mais libre et fortifiant labeur de leurs ancêtres ; enfin elle fournit les matières premières indispensables aux* **industries locales** *des villages plantés au milieu des bois.*

CHÀPITRE XVIII

LES PLAISIRS DE LA FORÈT

Bien multiples sont les plaisirs dont la « Forêt d'Argonne » est prodigue envers ceux qui ont le bonheur d'habiter sur ses confins.

Plaisirs enfantins d'abord pour les bambins qui s'en vont, vers le mois de mai, quand pointe le feuillage du renouveau, cueillir le muguet odorant dont les corolles d'un blanc immaculé embaument les coulées ombreuses.

Plaisirs d'adolescents ensuite pour les jeunes gens qui s'en vont deux à deux, le dimanche, durant la belle saison, sous les frondaisons murmurantes de la vieille forêt, parler de bien douces choses et se bercer d'espoir en attendant l'heureux jour qui couronnera leurs vœux.

Plaisirs d'adultes enfin pour les blessés de la vie qui vont sous les futaies silencieuses, dans le calme pénétrant des sentiers solitaires, au sein de la belle nature, prendre un baume salutaire qui leur rendra assez de force pour affronter encore les luttes de l'existence.

Et ces joies si pures ne sont pas les seules dont la « Forêt d'Argonne » est la dispensatrice infatigable.

Quoi de plus agréable, en effet, que de se laisser aller aux charmes d'une promenade en bicyclette, en voiture, en automobile, sur le long ruban blanchâtre qu'est le chemin forestier reliant Brizeaux à Vienne-le-Château et sur les routes qui montent et dévalent dans le massif argonnais, tout encadrées,

Cliché Bassuel.

PROMENADE CYCLISTE EN FORÊT

de nappes de verdure, ondulant de collines en collines, de vallons en vallons !

Quoi de plus fortifiant que ces chasses automnales qui se déroulent dans les gorges ravineuses, sur les plateaux escarpés et dans lesquelles les nemrods modernes, non moins hardis que leurs ancêtres, les gentilshommes verriers, livrent aux sangliers argonnais des combats qui, n'étant pas sans péril, ne sont certes pas sans gloire.

Mais il est certains plaisirs regrettables ayant aussi pour théâtre maints endroits de la forêt ; ce sont ceux de la « pipée » et de la « tenderie » ; il y a là une sorte de braconnage qui tombe sous le coup de la loi. Disons, pour les condamner, quelques mots de ces passe-temps à peine dignes d'une époque non civilisée et qui ne peuvent que nuire à la fois, et aux intérêts des habitants de la région, et à la poésie de l'Argonne.

Les amateurs de la « pipée » se rendent soit sur les bords d'une fontaine soit sur les rives d'un ruisseau où les petits oiseaux viennent se rafraîchir. Ils piquent, tout à fait à proximité de l'eau cristalline, des gluaux ou « vergettes », sortes de rameaux dont l'extrémité supérieure est enduite d'une matière collante appelée glu. Puis, se cachant derrière les buissons, derrière les troncs d'arbres, ils imitent, avec la bouche, avec les feuilles de certaines herbes, avec des instruments spéciaux, les chants et les cris d'appel des oiseaux forestiers. Ceux-ci se laissant prendre au piège, s'approchent, voltigent aux abords de l'onde, sautillent çà et là et, finalement, se perchent sur les « vergettes » ; la glu s'attachant à leurs plumes, en vain ils s'efforcent de prendre leur vol ; le braconnier accourt et d'innocentes victimes vont s'entasser dans son sac, le cou tordu, en attendant qu'elles deviennent quelques bouchées infimes qui disparaîtront sous la dent de l'ogre humain.

Les habitués de la « tenderie » cherchent un

endroit feuillu où la population d'oiseaux chanteurs
établit son domicile. Armés d'un hoyau, ils tracent
sur le sol une sorte d'allée aux détours tortueux ; à
l'aide d'une serpe ou d'un sécateur, ils dégagent un
passage dans les branchages qui surplombent l'allée.

De ci, de là, sur les rameaux qui limitent la
« tenderie », ils tendent des « argibaux». Ce sont
des baguettes flexibles, pliées de manière à donner
une demi-ellipse, les deux extrémités réunies par
une ficelle double dont un bout traverse un trou
ménagé dans le gros de la baguette. Cette ficelle est
tendue horizontalement par une « clef », fragment
de bois sur lequel l'oiseau vient se poser ; le poids
du pauvre petit fait partir la « clef »; la force
élastique de la baguette resserre la ficelle, et l'oise-
let, sauf de rares exceptions, se trouve pris par la
patte. La blessure qui en résulte, le manque de
nourriture, ont bien vite raison d'un hôte charmant
de la forêt, que l'insensibilité du « tendeur » condamne à une mort véritablement horrible.

CHAPITRE XIX

LES DONS DE LA FORÊT

Si les plaisirs de la forêt sont variés, nombreux sont également les dons qu'elle répand à profusion et pour ainsi dire toute l'année.

*
* *

Avec le mois de juin est revenue l'époque des fruits ; un peu partout, femmes, jeunes filles, enfants se préparent à aller aux fraises ; petits paniers d'osier, tasses en porcelaines, gobelets en fer blanc, vont servir pour la cueillette. Malgré l'heure matinale et la rosée abondante, tous s'engagent dans les sentiers qui conduisent au bois ; là, chacun se sépare : on va de droite et de gauche, cherchant les meilleures places : les exclamations de joie retentissent lorsque, dans une clairière, au beau milieu d'un tapis de verdure, pointe soudainement un « étoupet » de fraises vermeilles : non sans goûter aux plus belles, on les ramasse au plus vite et on continue à chercher et à cueillir les fruits délicieux ; quand la récolte paraît suffisante, on songe alors à retourner à la maison ; les groupes épars dans les taillis se « houppent » l'un l'autre et se rejoignent bientôt pour regagner le village, riant, chantant, empor- tant précieusement les fraises odorantes, destinées soit au repas de la famille, soit à augmenter le petit pécule réservé pour les mauvais jours, grâce au produit de la vente effectuée à la ville voisine.

*
* *

A peine les fraises sont-elles disparues qu'un fruit non moins recherché, la framboise, dont la saveur n'a d'égale que le parfum, apparaît en abondance sur les « ambriers » sauvages. La cueillette, plus difficile que celle des fraises, n'a pas moins d'adeptes ; les « ambriers » sont assaillis de toutes parts et les cueilleuses, sans crainte des piqûres, le panier retenu au cordon du tablier, font vigilance pour détacher les fruits juteux dont les lourdes grappes abaissent les frêles tiges qui les supportent. Aussitôt cette moisson finie, les framboises, du moins la plus grande quantité, sont remises, moyennant une assez forte rémunération, à d'intelligentes villageoises qui se chargent de les écouler dans les cités urbaines de la région ; quant aux fruits non vendus, ils serviront à préparer une liqueur locale que l'on ne saurait trop recommander aux étrangers ayant la bonne fortune de villégiaturer dans l'hospitalière Argonne.

*
* *

Après les framboises, les champignons. L'Argonne est une vaste champignonnière ; il n'y a rien d'étonnant à cela, le terreau formé par les feuilles mortes qui s'amassent chaque année, l'ombre

propice des fourrés étant les deux facteurs principaux
de cette végétation spéciale. Que de variétés dans
cette production : gyroles au calice d'or, bisettes au
chapeau verdâtre, compagnons au pied rosé, coul-
melles à la tige élancée, bolets au volume énorme,
excitent à tour de rôle la convoitise du chercheur de

LA CUEILLETTE DES CHAMPIGNONS

champignons. D'ailleurs, n'exerce pas cette profession qui veut : une sorte d'apprentissage s'impose et, malgré cela, trop souvent encore, en entend dire qu'un empoisonnement vient d'être causé par une plante qui semblait si appétissante au premier abord. Néanmoins, la récolte des champignons va s'accentuant chaque année ; comme on le fait pour les fraises et pour les framboises,de petits commerçants s'établissent momentanément dans les villages forestiers, achètent les variétés comestibles et les envoient sur les marchés des grandes villes et même de la capitale, offrant ainsi une source nouvelle de revenus,à l'active population indigène.

*
* *

L'automne donne des teintes multicolores aux arbres de la forêt : aux branches des coudriers, les noisettes dorées sont prêtes à quitter leurs enveloppes légères ; sous les hêtres majestueux, les faines couvrent la terre ; les bois retentissent une dernière fois des cris joyeux d'enfants et d'adolescents occupés à cueillir la noisette ; les plus jeunes noisetiers sont rapidement dépouillés de leurs fruits ; les coudriers, plus âgés, résistent, et maintes fois les rameaux abaissés échappant aux mains des cueilleurs trop pressés, obligent ceux-ci à renouveler de plus heureuses tentatives; parfois aussi les imprudents qui s'aventurent sur les grosses branches, sont brusquement projetés à terre ; mais ce sont là de légers incidents dont les suites n'ont, comme gravité, que quelques spirituelles moqueries à l'égard des maladroits ; lorsque la nuit approche, la besace que chacun porte en bandoulière est amplement remplie ; de retour au village, le contenu en est versé sur un coin du grenier, et, plus tard, dans les soirées d'hiver, les heures passeront plus vite en cassant les noisettes tout en écoutant les histoires du grand-père.

*
* *

L'hiver même ne met pas de holà ! aux prodigalités de la forêt ; celle-ci réserve pour le pauvre, sa provision de chauffage. Lorsque la neige ne cache pas trop les sentiers, quand la pluie ne détrempe pas profondément les chemins, les vieillards, hommes ou femmes incapables d'un travail trop ardu, gagnent à pas lents la haute futaie. Des branches mortes sont tombées sur le lit de feuilles sèches ; les pauvres vieux les ramassent en petits tas et, aussitôt que la charge leur paraît assez lourde en confectionnent des fagots. Un à un, ceux-ci s'ajoutent à la provision qu'abrite le hangar adossé à l'humble demeure du chercheur de bois mort. Merci, bienfaisante forêt ; grâce à toi, les malheureux n'auront pas trop à souffrir des rigueurs de la mauvaise saison.

CHAPITRE XX

LA POPULATION FORESTIÈRE

La population forestière de l'Argonne est formée
d'ouvriers bûcherons, équarrisseurs, scieurs, fendeurs et charbonniers. Ce sont des gens simples et
honnêtes, forts et robustes qui aiment surtout leur
métier et leurs bois.

Le bûcheron commence sa tâche en novembre : il
coupe d'abord les arbustes qui composent le taillis ; il
s'attaque ensuite aux grands arbres que la hachette du
garde-forestier a marqués comme devant être abattus.
Aidé le plus souvent par les membres de sa famille,
il ébranche les géants de la forêt, fait des bûches
avec les gros rameaux, et des bourrées ou fagots
avec les branchages.

Lorsque la « coupe » n'est pas bien loin du pays,
le bûcheron, sa journée finie, rentre chaque soir à
la maison prendre un repos de quelques heures.
Mais si la forêt est trop éloignée du village, il se
construit, dans la « coupe » même, une demeure
rustique qui lui servira d'abri jusqu'à la fin de la
tâche entreprise. Il se procure sa nourriture dans la
localité voisine ; il vit très sobrement, généralement
de soupe, de légumes et de lard fumé ; parfois un
plat d'excellents champignons grillés à même sur les
charbons du foyer, varie agréablement son menu ;
l'eau pure est sa seule boisson. Mais malgré le peu

de provisions que renferme sa hutte, il sait, à l'occasion, pratiquer l'hospitalité ; ainsi il nous revient qu'une fois, un ami et moi ayant été égarés dans la forêt, nous arrivâmes, après des marches et contre-marches de plusieurs heures, mourant de faim, près de la cabane d'un bûcheron ; celui-ci prenait son frugal déjeuner ; nous demandâmes à le partager ; notre hôte mit cordialement ce qu'il avait à notre disposition et ce fut certes là un des meilleurs repas dont nous ayons souvenir.

Quand arrivent certaines solennités religieuses, Noël, Pâques, la Pentecôte, ou encore la fête patronale du village natal, le bûcheron s'achemine vers le pays. Ceux qui voyagent dans l'Argonne à ces différentes époques n'ont pas été sans rencontrer sur la grande route, ces robustes gaillards, groupés par trois ou quatre, surchargés d'outils, le « gueulard » en bandoulière, regagnant en chantant, Futeau, Bellefontaine, La Chalade ou tout autre hameau forestier. Durant quelques jours, joyeux festins pour les adultes, danses entraînantes pour les jeunes gens, sont autant d'heures récréatives qui font oublier aux « francs coupeurs de chênes » la solitude de longues semaines passées au milieu des forêts silencieuses.

Avec le printemps la sève commence à circuler dans les arbres : c'est le moment pour les bûcherons de se livrer à une besogne particulière, la « pelaison »; hommes, femmes et enfants, tout le monde est occupé ; il s'agit d'enlever l'écorce des chênes, d'en faire des bottes qui seront transportées dans une usine spéciale, où elles seront pulvérisées, transformées en tan destiné à la préparation du cuir. L'écorçage du chêne est l'occasion d'une réjouissance dénommée l'arrosage de la « pelaison ». Le marchand de bois exploitant la « coupe » fait cadeau d'un petit fût de vin que l'on place sur un tronc d'arbre : bûcherons et bûcheronnes font cercle autour et chacun d'emplir son verre et de boire à la santé du généreux donateur, qui ne manque pas de trinquer avec ses ouvriers ; puis viennent les rires et les chants et, la « pelaison » bien arrosée, la besogne n'en sera que plus facile, du moins c'est l'avis des intéressés.

Les équarrisseurs, les scieurs, les fendeurs continuent l'œuvre du bûcheron. Les premiers à l'aide de haches à manche court et à large tranchant, transforment les troncs d'arbres en solives ou en poutres ; les seconds, maniant à deux une scie à fortes proportions, débitent en planches les chênes et les hêtres ; les derniers, avec un coutre, outil d'une forme toute spéciale, préparent les lattes qui entrent dans la construction des maisons, les échalas devant servir de tuteurs aux pieds de vigne, le merrain dont on fabrique les tonneaux.

Les charbonniers terminent le travail d'exploitation forestière ; ils mènent une vie des plus monotones et presque sauvage ; ils ne reviennent jamais dormir au village ; ils passent leurs nuits dans une hutte de branchages et le jour, ils veillent près de leurs meules en feu, sans pouvoir les quitter, car le moindre défaut de surveillance occasionnerait des pertes sensibles, par la transformation en cendres,

du bois devant fournir le charbon si nécessaire aux
ménagères des villes.

A la population forestière de l'Argonne se ratta-
chent les muletiers. Ceux-ci habitent le village ; ils
ont dans leurs écuries, quelques mulets au pied sûr
et à l'échine solide. Grâce à ces animaux ils peuvent,
par des chemins souvent à pic vider les « coupes »

LA PELAISON DU CHÊNE

dans les gorges presque inaccessibles. Les mulets ont sur le dos, des bâts, sortes de doubles crochets faisant saillie à droite et à gauche des flancs de l'animal.

Les bâts sont chargés des produits de la forêt, puis les bonnes bêtes, à la file indienne, s'en vont jusqu'à la gare voisine où elles seront débarrassées de leurs fardeaux. Ce transport à dos de mulets, dont les clochettes suspendues au cou, tintent agréablement à chaque mouvement de la bête de somme, est véritablement pittoresque et ce n'est point le moindre des charmes pour ceux qui s'intéressent aux travaux des humbles mais indispensables ouvriers de la forêt.

CHAPITRE XXI

LES HABITATIONS DE LA FORÊT

Si la « Forêt d'Argonne » a sa population spéciale,
on y rencontre aussi des demeures d'un genre
particulier. Les unes sont habitées sans interruption,
ce sont les maisons forestières ; les autres le sont
une partie de l'année, ce sont les huttes de charbonniers ; les autres ne le sont que momentanément,
ce sont les rendez-vous de chasse.

*
* *

La maison forestière est le logis du garde-forestier.
Elle est située, soit à la lisière, soit même au milieu
de la forêt. C'est une construction en briques comprenant simplement un rez-de-chaussée avec cuisine,
chambres à coucher et bureau servant non seulement
au garde, mais aussi à ses supérieurs lorsque ceux-ci
sont en tournée dans la région. Un vaste grenier, auquel on accède par une échelle, court au-dessus de
toutes ces pièces ; une grangette et une étable com-
plètent l'immeuble. Attenant à la maison se trouve un
hectare de terre et souvent un jardin assez spacieux.

Malgré ses appointements trop modestes, le garde-
forestier est relativement heureux. Il peut en effet
avoir des vaches et des porcs dont la nourriture est
prise, soit dans son terrain, soit dans la forêt ; il

élève de la volaille et des abeilles ; son jardin lui fournit des légumes et des fruits. C'est un sage, dont la vie est patriarcale et qui, dans l'Argonne, n'a jamais à craindre la vindicte des braconniers comme cela se produit parfois en d'autres forêts du domaine national.

*
* *

La hutte du charbonnier rappelle la première habitation des Gaulois, nos ancêtres. De longs piquets, fichés en terre et se réunissant par leurs sommets, déterminent la charpente de la demeure rustique ; des branchages entrelacés, des mottes de terre recouvertes de gazon, en forment la maçonnerie ; un trou ménagé au sommet de la cabane sert de passage à la fumée ; une ouverture réservée sur une des faces de la hutte, et pouvant être fermée le soir avec une sorte de claie, fait à la fois office de porte et de fenêtre. En tant que mobilier, des escabeaux ou des rondelles de bois comme sièges, des planches non rabotées clouées sur quatre supports comme table, des couches de fougères desséchées maintenues dans un cadre de bois comme lit, emplissent partiellement l'habitation.

Alentour, une niche où le chien aboie, un piquet d'attache qui retient une chèvre, une cage où caquettent les poules, une baraque remplie de lapins, donnent un peu de mouvement à l'existence, il faut le reconnaître, quelquefois dure et triste des charbonniers qui peinent sans relâche pour gagner

un salaire suffisant à la fois pour les jours de labeur
et pour ceux de chômage.

*
* *

La maison de chasse, élevée dans un coin de la
forêt où abonde le gibier, est un simple pavillon en

LA HUTTE DU CHARBONNIER

bois. Au rez-de-chaussée, une vaste pièce qui sert de cuisine, à côté une sorte de hangar ; au-dessus un grenier à fourrage, dans le sol, une cave aux dimensions les plus réduites, en constituent la distribution générale. C'est là que les chasseurs de sangliers se donnent rendez-vous, c'est là, qu'après des battues fructueuses ou non, ils viennent déjeuner avec un appétit des plus robustes ; c'est là enfin que l'on peut entendre des conversations rendues plus piquantes par le patois argonnais et du genre de celle dont nous donnons une idée par les quelques lignes suivantes empruntées à l'excellent ouvrage de *M. l'abbé Janel sur le « Patois de Florent »*.

« *Les deux premiers interlocuteurs* SORET *et* PORAL, *sont dans la cuisine du Rendez-vous de Chasse préparant le repas des chasseurs ; l'un de ceux-ci* MIMÏN, *qui s'est grisé, vient les retrouver pendant que ses compagnons courent encore le gibier.* »

PATOIS	**TRADUCTION**

SORET. — On n'jocrime, bii sûr, à rappliquer.

SORET. — On ne tardera pas, bien sûr, à revenir.

PORAL. — J'm'a va t'faire des poumes de terre au lard, à l'étuveïe, que t'ma dirai des nouvelles.

PORAL. — Je vais faire des pommes de terre au lard, à l'étouffée, dont tu me diras des nouvelles.

SORET. — Gni enco aute chouse, nome ?

SORET. — Il y aura encore autre chose, n'est-ce pas ?

PORAL. — On n'jûncrime, c'est mi qui tu l'dis. Gni des fois qu'on n'ime du quoi adâyi sou da ; mais anue, on a laisseri, quand ju surij l'double. Gni ch'qu'à des iu pou faire l'omelette don Lundi de Pâques.

PORAL. — On ne jeunera pas, c'est moi qui te le dis. Il y a des fois qu'on n'a pas de quoi mettre sous les dents ; mais aujourd'hui, on en laissera, quand nous scrions le double. Il y a jusque des œufs pour faire l'omelette du Lundi de Pâques.

SORET. — Tii, v'la l'Mimïn : du d'd'aouèce qu'i d'vii ?

SORET. — Tiens, voilà le Mimïn ; d'où vient-il ?

PATOIS	TRADUCTION

PATOIS

Poral. — Gnime busoin d'li d'mander. — Eh bii mais, quoi don qu'c'est qu'ces coumerces là? D'poüs quinze jours t'n'ai point éïu d'cesse, qu'on t'invitie, et tu n'chesse mi?

Mimîn. — Gni rii à faire anue, tu l'oua bii. Et poüs j'étrïnglous d'sai. J'm'a pensé qu'j'arou toujou de l'iaou dou coûté d'la maison.

Poral. — Si c'est du l'iaou quu t'voulous, t'n'avous qu'à dévaler pa d'vez là fontainne.

Mimîn. — Gni pourtant là haut n'seille du blanc fer, mais gni rii d'da. V'créyez bii quu quand j'a vu don vïn, j'n'âme été cherchii pa lon. Mes amis du Diu ! si v'ouayi l'bée tas d'bouteilles qu'on z'i mis à lâgni, conte lu mur.

Poral. — T'ai pris da l'bon coin, aou grande avannture? L'Albert tu r'mauleri, mou viu.

Mimîn. — T'naroume voulu quu j'purnie d'la piquette, passé? Ça dai iéte du l'Epineuïe... Gare, v'la l'Jules.

TRADUCTION

Poral. — Il n'y a pas besoin de le demander. Eh bien mais, quoi donc? qu'est que c'est que ces commerces-là? Depuis quinze jours tu n'a pas eu de cesse qu'on ne t'invite, et tu ne chasses pas?

Mimîn. — Il n'y a rien à faire aujourd'hui tu le vois bien. Et puis j'étranglais de soif. Je me suis dit que j'aurais toujours de l'eau du côté de la maison.

Poral. — Si c'est de l'eau que tu voulais, tu n'avais qu'à descendre vers la fontaine.

Mimîn. — Il y a en effet là haut un seau de fer blanc. mais avec rien dedans. Vous croyez bien que quand j'ai vu du vin, je n'ai pas été chercher plus loin. Mes amis de Dieu! si vous voyez le beau tas de bouteilles qu'on a mis en tas le long du mur.

Soral. — Tu as pris dans le bon coin, à grande aventure. Albert te remueras, mon vieux.

Mimîn. — Tu n'aurais pas voulu que je prenne de la piquette, penses-tu? Ça doit être de l'Epineuïe.. Gare, voilà Jules.

CHAPITRE XXII

LES INDUSTRIES DE LA FORÊT

La « Forêt d'Argonne » alimente certaines industries dont plusieurs ont pris un développement considérable.

La plus importante est, sans contredit, celle qui se rapporte à la fabrication des tonneaux ; elle a son centre à Florent, coquet village, caché au milieu d'un véritable massif d'arbres fruitiers.

La visite d'un atelier de tonnelier est très intéressante ; on y assiste aux diverses phases d'opérations qui, de simples douves de merrain, font les fûts si recherchés par le commerce des vins de Champagne.

Suivons pas à pas cette fabrication.

Un premier ouvrier régularise et polit les douves au moyen d'une plane en maintenant les pièces de merrain sur un chevalet en bois. Ensuite, elles sont passées sur un instrument spécial, la colombe, sorte de grand rabot à plan supérieur incliné d'arrière en avant : cette besogne dresse la pièce, lui donne le « bouge » ou largeur plus prononcée d'un cinquième au milieu, ce qui déterminera par la suite le ventre de la barrique.

Un second artisan procède au montage du tonneau ; il assemble environ trente douves de largeurs diverses et les prend dans ses bras ; en les mainte-

Cliché Bassuel.

UN ATELIER DE TONNELLERIE

nant par des moules, cercles spéciaux, il les place les unes à côté des autres, ce qui forme la charpente verticale du fût, dont la base est alors plus large que le sommet. Le tonnelier soumet l'embryon de cette barrique à l'action d'un feu de copeau allumé sur le sol ; quand le tonneau est chaud, il l'enlève, la base en haut et enveloppe celle-ci dans une corde solide actionnée par une presse à tourniquet ; il resserre fortement les douves, retire la corde et la remplace par un moule ; à nouveau, la barrique est chauffée intérieurement, la surface externe en est égalisée et polissée ; il complète le montage en mettant des cercles en bois en différents endroits et en remplacement des moules.

Lorsque les tonneaux sont arrivés à ce point, un troisième tonnelier s'occupe du rognage. Il dispose le fût sur une forte fourche en bois qui le maintient dans une position inclinée ; avec différents outils, houlets, rabots, jabloires, il amincit les extrémités intérieures du récipient et y creuse une rainure, appelée jable.

Cela fait, un quatrième compagnon pose les fonds. Ceux-ci sont composés de cinq douves, celle du milieu dénommée pièce de point, les deux voisines, ailettes, et les deux extrêmes, chanteaux. Après avoir réuni les pièces en carré, il trace sur cet assemblage, en prenant le milieu de la pièce de point comme centre, une circonférence égale à celle correspondant au jable creusé par le rogneur ; il enlève à la scie ce qui est en dehors de la circonférence et taille en biseau les bouts des cinq douves ; il retire les cercles à proximité du fond et place successivement la pièce de point, les ailettes .et un chanteau ; quant à la cinquième douve, difficile à ajuster sur le second fond, elle nécessite l'emploi d'un tire-fond et d'un levier en bois ; on remet les cercles, et les opérations principales sont terminées.

On complète par le chevalage, action de doubler l'avant-dernier cercle, par la pose d'une barre appliquée sur chaque fond, perpendiculairement aux ailettes, maintenue par des chevilles de bois, et enfin par le perçage du trou de bonde destiné à l'introduction du liquide.

Autrefois, les tonneaux étaient transportés dans le vignoble champenois par les voituriers du village sur des carrioles aménagées à cet effet. Le voyage, qui durait de trois à quatre jours, ne manquait pas d'imprévu. Ceux qui habitent dans les localités situées sur les routes allant de l'Argonne au Pays rémois se rappellent certainement le passage de ces voitures, portant de hautes pyramides de barriques, au sommet desquelles étaient parfois juchés la femme et les enfants du conducteur, tandis que celui-ci, durant ce long parcours, prenait de temps à autre quelques minutes de repos sur une sorte de siège en bois maintenu à l'avant du lourd véhicule.

Aujourd'hui, ces transports se font par chemin de fer ; pour les marchandises comme pour les personnes, la voie ferrée a remplacé par la vitesse l'originalité des voyages d'antan.

A l'industrie de la tonnellerie se rattache la fabrication des cercles confectionnés avec les tiges bien droites des noisetiers et celles des chevilles tirées des troncs blanchâtres des trembles.

Les autres industries forestières sont celles relatives à la préparation des piquets de tentes, sortes de sabres en bois dont la poignée, percée d'un trou de vrille, reçoit la ficelle qui maintient les abris de nos soldats en campagne et celle des maillets de bois avec lesquels on enfonce justement ces piquets.

Dans un ordre d'idées différent, nombre d'artisans argonnais s'occupent encore soit à la fabrication des barreaux de chaises, soit à celle des sabots, des semelles ou des talons de bois, soit à celle des manches de fouets, toutes sortes de travaux qui assurent un gain sérieux à ceux qui préfèrent, et avec raison, le séjour tranquille des villages forestiers à la vie mouvementée des villes.

CHAPITRE XXIII

ARBRES REMARQUABLES DE LA FORÊT

Il n'est pas une forêt qui n'ait quelques arbres s'imposant pour des raisons diverses à l'attention des habitants du pays voisin. La « Forêt d'Argonne » possède ainsi plusieurs sujets remarquables.

Les uns doivent leur notoriété à d'antiques légendes religieuses, tel le « Chêne de Saint-Pierre », sis non loin de Florent, qui abrite une fontaine à laquelle on attribuait des vertus miraculeuses.

Les autres marquent l'endroit où l'on aimait à se réunir à l'occasion de réjouissances locales, tel le « Hêtre de Houyettes » sis à proximité de Vienne-le-Château, à l'ombre épaisse duquel la jeunesse allait danser aux jours de fêtes du village.

Certains rappellent des événements historiques, tel le chêne connu sous le nom de « Roi de Rome » situé dans la forêt domaniale de Châtrices, sur le chemin de la Haute-Chevauchée, à quelque cents mètres de la maison forestière de Pologne.

Au sujet de la plantation des « Rois de Rome » destinés à perpétuer le souvenir de la date de naissance du fils de Napoléon Ier, *M. Margaine, garde-général à Sainte-Ménehould*, a bien voulu nous

LE « ROI DE ROME »

communiquer des documents curieux et inédits dont
voici le texte avec le style et l'orthographe de l'époque.

CIRCULAIRE N° 8770

Du Conservateur à Troyes, le 21 mars 1811

Monsieur,

La naissance du Roi de Rome est un évènement si heureux
pour l'auguste Monarque, son Père, dont il fait la joie ; pour
tous les Français, dont il augmente le bonheur ; pour l'Empire, dont il rendra la gloire durable, que nous ne pouvons
le signaler avec trop de zèle et par trop de témoignages.

Que les plus jeunes chênes de nos forêts voient ce précieux
Enfant vieillir avec eux.

En mémoire de ces actes que vient de faire Celui qui régit
l'univers et qui protège la France, je vous recommande de
choisir le jeune chêne, le plus sain, le plus droit, le plus vigoureux, et de le planter avec tous les soins possibles dans le lieu
le plus apparent et le meilleur fonds de votre plus belle Forêt.

La saison est encore bien favorable pour sa plantation.

Vous entourerez ce jeune rejetton de barrières solides pour
le défendre de toute approche et de tous accidents. Ainsi
voudrions-nous que le jeune Fils de notre Empereur fût à
l'abri de tout ce qui peut menacer son existence !

En outre de cette barrière solide, vous planterez une haie
vive qui formera autour de ce jeune chêne une double enceinte,
et qui ajoutera à l'ornement de ce lieu.

Vos Gardes soigneront ce jeune chêne et répondront de sa
conservation.

Vous allez sans doute faire remarquer votre zèle et votre
amour pour notre Souverain, par l'empressement que vous

montrerez à exécuter l'ordre que ma lettre contient, et dont vous m'accuserez réception.

J'ai l'honneur de vous saluer.

Signé : BELGRAND.

*
* *

Cette circulaire fut suivie, le 18 avril 1811, d'une circulaire de M. le directeur général, enjoignant à chaque garde de planter dans son triage un arbre en mémoire de la naissance du Roi de Rome.

Le 14 novembre 1811, la circulaire suivante, n° 9281, du conservateur, donne le résultat de ces plantations.

MONSIEUR,

Dans la tournée que je viens de faire, j'ai eu l'occasion de remarquer que la plupart des arbres, plantés en mémoire du Roi de Rome, étaient morts, ce que j'aime attribuer plutôt à la longue sécheresse de l'été qu'à un défaut de soins de la part de ceux qui ont planté et fait planter ces arbres.

J'ai remarqué aussi que dans ce monument forestier, érigé en l'honneur du Monarque, par l'amour de ses sujets, on n'avait pas rempli l'intention qu'il avait fait ordonner, comme on voit encore dans quelques communes cet orme antique sous lequel la justice se rendait, et sous lesquels les habitants aiment toujours se réunir, comme on voit, dis-je, avec une sorte de respect, cet arbre reverdir tous les ans et témoigner les usages et les coutumes simples de nos ancêtres, de même j'aimerais penser aujourd'hui, qu'à bien des siècles d'icy cet arbre que nous avons planté attestera l'époque où notre patrie a vu affermir sa puissance et son bonheur, par la naissance de Fils du Grand Empereur qui a créé l'un et l'autre. Mais dans cette idée, ce n'est pas une nombreuse plantation qu'il faut, quoique bonne et utile en elle-même, elle ne signifierait rien un jour de ce que nous voulons exprimer.

C'est donc plutôt un arbre unique, chêne ou orme, qui sera remarqué, par la place qu'il occupera, par son isolement, par la majesté de son port, par les ornements et la défense dont il sera entouré, il se(ra) cité par l'istorien, il faut enfin que l'étranger en passant ait lieu, un jour à venir, de demander que veut dire cet arbre antique qui semble avoir été planté avec intention.

Vous m'entendez, Monsieur, plusieurs de vos collègues m'ont compris dès ma lettre du 21 mars.

Voici donc la saison de réparer ce qui a été omis, et ce que la sécheresse de l'été a détruit. L'inspecteur doit se réserver de choisir et de placer ces arbres, il doit en surveiller la plantation et en confier les soins au plus fidèle de ses gardes et en surveiller l'entretien.

Revoyez, je vous prie, ma lettre du 21 mars dernier et renfermez-vous dans ce que je dis du choix de l'arbre, de ses ornements, de son entourage et de son emplacement.

Vous voudrez bien m'instruire de ce que vous aurez fait.

J'ai l'honneur de vous saluer.

Signé : Belgrand.

CINQUIÈME PARTIE

—

LES LOCALITÉS

Dans l'Argonne, les localités sont surtout situées dans les vallées des cours d'eaux principaux, Aisne, Aire et Biesme ; quelques-unes occupent aussi les sommets boisés du plateau argonnais.

L'Aisne arrose les deux villes les plus importantes de la région, Sainte-Ménehould et Vouziers, la première bâtie au pied d'une roche escarpée que dominait jadis un château-fort ; la seconde s'étageant en pente douce sur la rive gauche de la rivière ; toutes deux, grâce à ce cours d'eau, jouissent d'une fraîcheur remarquable très appréciée des touristes durant les fortes chaleurs estivales.

Varennes et Grandpré, placés sur l'Aire, évoquent des souvenirs historiques ; Clermont, au sud de Varennes sur un des contreforts de l'Argonne, est un bourg très pittoresque abrité par le plateau Saint-Anne du haut duquel on jouit d'un panorama splendide sur la plaine du Verdunois. Entre ces bourgs et entre ces villes, le long des petits affluents de l'Aisne et de l'Aire, dans les gorges profondes, s'échelonnent les villages mi-forestiers et mi-agricoles n'offrant aucun intérêt particulier.

Le long de la Biesme et sur les plateaux boisés se trouvent les villages et les hameaux argonnais typiques par excellence. Déjà leur transformation s'opère, toutefois on y rencontre encore nombre de maisons en torchis et en bois, avec une seule pièce sur le devant, servant à la fois de cuisine et de chambre à coucher, et sur l'arrière un réduit exigu faisant office de buanderie ou de chambre à four ; au-dessus s'étend un grenier auquel on accède, grâce à une échelle, par une ouverture réservée sur la façade. Ces habitations forment des rues de largeurs inégales obstruées en maints endroits par des véhicules de toutes sortes et des tas de bois les rendant assez dangereuses la nuit.

Sauf ces légers inconvénients, les localités de l'Argonne sylvestre ne manquent pas d'une certaine poésie, en particulier Beaulieu avec les vestiges de son abbaye d'antan, Futeau dont les perrons des maisons sont constamment garnis d'une partie de la population féminine, Florent et la Grange-au-Bois encadrés de vergers uniques à vingt lieues à la ronde.

*En temps ordinaire, les villages argonnais sont d'un calme absolu et à ce titre forment le séjour recherché des citadins fatigués par les bruits de la ville ; mais parfois, aux jours d'*étrennes *et de* rouillie, *de* carnaval *et de* fête patronale, *de* noces *et de* foires *et quand vient l'époque des veillées de la* bûche de Noël, *ils présentent une animation et un mouvement extraordinaires riches en curieuses coutumes régionales.*

CHAPITRE XXIV

Roulements de tambours et sonneries de clairons réveillent la population lourdement endormie à la suite d'une soirée prolongée pour briser la vieille année ; le jour point à peine et pourtant c'est,à qui se jettera le plus vite en bas du lit afin de s'acquitter de l'antique et solennel devoir de souhaiter la bonne année. Bientôt les rues du village présentent un aspect très curieux et à l'intérieur des maisons l'animation est très vive.

Devant la porte de M. le Maire, les pompiers, en petite tenue, donnent une aubade matinale et, sur le seuil de sa porte, le premier magistrat de la commune attend patiemment la fin des ra et des fla pour offrir à ses visiteurs le traditionnel verre de vin blanc. Sur la place communale, des groupes de grandes personnes chaudement vêtues, en sabots, le cache-nez autour du cou, la face quelque peu congestionnée par le froid, s'accostent en se serrant la main et en s'adressant mutuellement la phrase consacrée : « Je te la souhaite bonne et heureuse ».

Dans les rues, fillettes aux jupes multicolores que la bise gonfle démesurément et garçonnets aux visages à demi cachés par de chaudes casquettes, tenant à la main, panier ou cabat, vont partout en quête d'étrennes, se renseignant les uns les autres sur les maisons où l'on reçoit beaucoup et sur celles où l'on n'ouvre même pas. Çà et là, stationnent de mignons enfants qui se montrent avec joie le contenu de leurs paniers — mélange véritablement hétéroclite — pruneaux tirés du bocal de la vieille cousine, noix en réserve dans un coin de l'armoire de la grand'tante, pommes de natures diverses que la gelée recouvre de cristaux transparents, oranges exotiques absolument dépaysées au milieu de ces fruits locaux, bonshommes en pains d'épice, figurines en sucre rouge, biscuits et gaufrettes, toutes friandises qui feront plus tard les délices de plusieurs goûters enfantins.

Chez le marchand de vin, c'est un défilé incessant de visiteurs ; chacun sait en effet que jusque midi les consommations sont gratuites ; aussi est-il incalculable le nombre de petits et de grands verres que l'aubergiste, qui est d'ailleurs au village un peu le parent de tout le monde, distribue et offre de bon cœur à ses clients attitrés des dimanches et des jours fériés. Chez le buraliste, l'affluence n'est pas moins grande ; quoique celui-ci ait peu de bénéfice sur sa vente annuelle, il n'en est pas moins aimable avec les habitués de son débit ; un priseur invétéré reçoit une tabatière rustique qu'un artiste bûcheron a, dans ses loisirs, confectionnée au couteau avec l'écorce flexible et souple du bouleau ; un fumeur, grand culotteur de pipes, accepte avec joie un gambier immaculé, lequel ne tardera pas à prendre les teintes foncées lui donnant droit à une place honorable dans le râtelier qui fait l'orgueil de son propriétaire ; un jeune amateur de cigares a le choix entre un excellent demi-londrès entouré de faveurs et quelques jolis ninas délicatement posés sur leur enveloppe argentée. Chez l'épicier, c'est le rendez-vous des enfants ; non loin du comptoir où l'on sert habituellement, des gradins ont été installés ; jouets et sucreries s'y étagent dans un ordre parfait et suivant une progression calculée, depuis le vulgaire sucre d'orge à cinq centimes jusqu'au fusil a air comprimé qui vaut bien quelques francs ; les arrivants sont éblouis de tant de belles et bonnes choses ; la première surprise passée, la gentille épicière les laisse faire leur choix, en les guidant toutefois sans en avoir l'air et en réservant pour les enfants des meilleurs clients les objets de plus de valeur ; d'ailleurs, n'est-ce pas un peu justice ?

Dans les maisons, c'est un va-et-vient continuel ; heureusement qu'un bon feu flambe dans l'âtre et réchauffe constamment l'air sans cesse refroidi par la baie de la porte qui n'est, pour ainsi dire, jamais fermée : une table est dressée près du foyer, bocaux de cerises et de framboises, litres de kirsch ou d'eau-de-vie vieille, en occupent le centre, verres à pied des jours de fêtes, leur font une véritable garde du corps ; à chaque visiteur, le maître de céans doit offrir une « goutte » ou une « larme » et trinquer avec lui naturellement ; agir autrement serait une injure à l'égard des amis ou des parents. Et cela continue ainsi toute la journée ; aussi, quand vient le soir, les têtes sont légèrement alourdies ; qu'à cela ne tienne, une bonne nuit y mettra ordre ; cet infime inconvénient ne compte pas ; au contraire, dans le village tout le monde est heureux, car ce jour des « étrennes » a renoué davantage les liens qui unissent les familles.

*
* *

Les cloches, silencieuses depuis quelques jours, font entendre à nouveau leurs joyeux carillons ; sous le porche de l'église rustique les bambins cherchent les jolis couteaux aux manches blancs qu'elles ont rapportés de leur voyage aérien ; les mamans préparent avec activité, à l'aide d'orties, pelures d'oignons ou bois d'Inde, les œufs aux couleurs vives et multiples dont une ample distribution sera faite le lendemain. Ce jour sera, en effet, celui de la « rouillie ». A peine est-il venu que le village reprend à peu près la même physionomie qu'au jour des « étrennes », avec la différence que cette fois la nature semble de la fête, car jardinets, jardins et vergers ont revêtu une roble blanche parfumée, grâce aux milliers d'arbres fruitiers dont les fleurs s'épanouissent aux rayons du soleil printanier.

Les enfants circulent nombreux dans les rues, entrant un peu partout et demandant poliment leurs œufs de Pâques. La tournée terminée, le moment de jouer à la « rouillie » est arrivé. Les garçonnets, qui ont conservé quelques-uns des œufs reçus en cadeaux, se réunissent auprès des maisons principales de la place ; une pierre plate est placée contre le mur d'une des habitations ; elle devient un des points d'appui d'une tuile creuse ordinaire dont l'autre extrémité repose sur le sol ; la cavité de la tuile restée en dessus forme un minuscule canal à ciel ouvert indispensable au jeu de « rouillie ». Un des bambins pose délicatement à la partie supérieure du canal un des œufs colorés qui sera le premier enjeu ; l'œuf, entraîné par son poids, roule jusqu'à terre et s'arrête à quelques pas ; un second, un troisième enfants continuent le même exercice, et cela jusque la rencontre d'un œuf lancé avec un œuf immobilisé ; le gagnant ramasse tout ce qui est à terre et d'autres parties continuent, faisant varier la chance des joueurs ; il arrive un instant où les uns ont les poches bourrées et les autres les poches vides : c'est la conséquence fatale de tous les amusements de hasard ; toutefois il n'y a pas de pleurs du côté des perdants, ils savent en effet qu'ils profiteront des enjeux, car le lundi a lieu le déjeuner de la « rouillie », Les bambins du même âge se réunissent chez les parents de l'un d'eux, y apportant chacun leur quote-part : œufs durs du jeu de « rouillie », lesquels, préparés avec quelques cives et un filet d'huile et de vinaigre, feront l'entrée du petit déjeuner ; œufs sortant du poulailler, lesquels, ajoutés aux tranches rosées du jambon d'Argonne et aux rondelettes purpurines de saucisse lorraine, donneront une omelette savoureuse ; petits gâteaux, sucreries et fruits, constituant un dessert aussi varié que friand.

Le déjeuner de la « rouillie » n'est pas l'apanage exclusif des enfants ; les jeunes gens, les adultes mêmes, se groupent le même jour pour faire « l'omelette ». C'est un repas très cordial auquel tous contribuent par des apports divers dont la basse-cour, le clapier, la cave font les frais. L' « omelette » se fait alternativement chez l'un et chez l'autre. Là où le tour est venu, la ménagère a eu soin de mettre de côté les œufs pondus le jour du Vendredi-Saint ; ceux-là seuls seront utilisés pour préparer le plat de circonstance, l'omelette qui donne justement son nom à l'agape fraternelle ; un dicton en honneur dans le pays dit en effet : « Que les œufs récoltés le Vendredi-Saint et mangés le jour de « l'omelette » préservent les convives de la fièvre ». C'est là une croyance bien inoffensive, dont l'avantage le plus tangible est que les œufs employés dans le repas sont certainement bien frais. Le déjeuner du lundi de Pâques est généralement très gai, car si les enfants font au repas de la « rouillie » un apport considérable de friandises, leurs aînés font collection au repas de l' « omelette » de quantité de vieilles bouteilles, dont le contenu ne tarde pas à délier les langues des convives, lesquels à tour de rôle sont tenus d'y aller de leur chansonnette, ce qui transforme bientôt le déjeuner en un véritable concert familial laissant dans l'esprit de tous le souvenir d'une belle et bonne journée de concorde et de fraternité.

CHAPITRE XXV

CARNAVAL ARGONNAIS

Depuis les « Rois », toutes les soirées villageoises ont été égayées par les « masques » ; encore quelques jours et l'époque des déguisements sera passée : ce sont ceux du Carnaval proprement dits ; ils vont donner lieu à des réjouissances d'un cachet spécial auxquelles prendront une part plus ou moins active tous les habitants du pays.

Le lundi gras est journée de début ; il est marqué par le « tir à l'oie », cruelle habitude qui tend heureusement à disparaître. Aux deux angles des maisons qui forment les coins de la rue principale du village, une forte corde a été attachée ; en son milieu, suspendue la tête en bas, est une oie préalablement tuée ; (à une date plus reculée, le malheureux oiseau était vivant ; des mesures de protection ont exigé, et avec raison, qu'on le tuât auparavant afin qu'il n'eût pas à souffrir d'une agonie prolongée). Sur la place, face à la corde, sont groupés les jeunes gens déguisés, tous montés sur des chevaux ; à droite et à gauche, dans la rue donnant accès sur la place, d'innombrables curieux attendent les péripéties du tir. Le signal en est donné ; les « masques » se bandent mutuellement les yeux, s'arment chacun d'un vieux sabre et au lourd galop de leurs montures se dirigent à tour de rôle vers l'oiseau, guidés simplement par l'expression cent fois répétée : « il brûle ! il brûle ! » lancée à haute voix par la majorité de la population et signifiant qu'un cavalier est tout à proximité de l'oie ; à ce moment précis il lance un formidable coup de sabre destiné à trancher le cou de la bête ; le plus souvent, la lame ne rencontre que le vide et l'élan donné manque de désarçonner le jouteur novice ce qui excite les rires moqueurs des spectateurs ; parfois aussi, le sabre touche violemment le corps de l'oiseau, les plumes s'envolent, les chairs s'entr'ouvrent, le sang coule : le spectacle devient repoussant. Enfin, après bien des échecs, un « masque » plus chanceux parvient à trancher la tête de l'oie ; des acclamations saluent le vainqueur, on lui débande les yeux, il place son trophée à la pointe de son sabre, prend le commandement de la cavalerie bariolée qui s'ébranle lentement et se met à parcourir tout le village. Derrière elle s'acheminent pédestrement de joyeux quêteurs, pénétrant dans les maisons et recevant indistinctement : farine, œufs, saucisses, menue monnaie, toutes choses qui sont les bienvenues pour l'organisation du « déjeuner de l'oie », encore appelé déjeuner du Mardi gras.

Ce déjeuner est servi dans la plus grande pièce de l'auberge fréquentée habituellement par la jeunesse. Tout en prenant l'apéritif, les tireurs de la veille attendent en conversant bruyamment, dans la vaste cuisine, près de l'immense cheminée où l'oie achève de rôtir à la broche, l'heure de se mettre à table. Sur un mot de l'aubergiste le vainqueur du

tir fait entrer ses amis dans la salle du banquet dont
l'aspect devient véritablement curieux : une table
ronde et massive surchargée d'antique vaisselle à
fleurs, de verres et de bouteilles en occupe le centre ;
dans un coin, sur un lit à demi caché par d'amples
rideaux aux ramages verts et criards, aux crochets
courant le long des murs tapissés de papier à fleurs
rouges écarlates, sont déposées ou suspendues des
coiffures surgies on ne sait d'où : képis d'officiers
de garde-nationale, bonnets à poil d'anciens grenadiers, shakos de lanciers du premier empire, feutres
de bandits calabriens, hauts de formes aux dimensions démesurées, chapeaux en pain de sucre d'apo-
thicaire ; autour de la table, assis sur des bancs, les
convives par leurs accoutrements d'ailleurs en rapport
avec les couvre-chefs précités, donnent l'impression
d'une collection vivante sortie de l'arrière-boutique
d'un antiquaire de la rue du Temple. Quoique plus
ou moins gênés par ces vêtements multicolores dont
la coupe est loin d'avoir le cachet d'élégance de
celle de nos grands faiseurs modernes, les « masques » n'en font pas moins honneur au déjeuner, les
plats remplacent les plats et les bouteilles succèdent
aux bouteilles ; des vivats acclament le vainqueur de
la matinée qui arrose copieusement son honneur d'un
jour et le repas s'achève au milieu des chants de
circonstance, composés même parfois par des chan-
sonniers de village, tels ces couplets burlesques
attribués à un habitant de Moiremont du nom de
Julliot qui vivait, dit-on, vers le xviiie siècle, et
reconstitués par *M. l'abbé Lallement.*

CHANSON DU MARDI-GRAS (1)

PREMIER COUPLET

Cousi, c'est ânue l'mardi gras (bis)
Tous les houmes son à la rue ba
Lon lan la di rirette
Y maingeont des tripes du berbis
Lon lan la di ri ri.

TRADUCTION

Cousin, c'est aujourd'hui le mardi gras,
Tous les hommes sont à la rue basse,
Ils y mangent des tripes de brebis.

2e COUPLET

C'est Pierrot Hérault qu'est lurrouai (bis)
Sa royauté ne vaume in navé
Lon lan la di ri rette
Quand y serait à mouétié pourri.
Lon lan la di ri ri.

TRADUCTION

C'est Pierre Hérault qu'est le roi ;
Sa royauté ne vaut pas un navet
Quand il serait à moitié pourri.

3e COUPLET

Tous sé souldats son assi lú (bis)
On n'a ouarème iun da la rue
Lon lan la di ri rette
Pou le détrôner on fri ce qu'on pourit
Lon lan la di ri ri.

TRADUCTION

Tous ses soldats sont chez lui,
On n'en verra pas un dans la rue ;
Pour le détrôner on fera ce qu'on pourra.

(1) Bulletin de l'*Œuvre des Voyages Scolaires*. Editeur MATOT-BRAINE.

4ᵉ COUPLET

Verdeau intinne robe d'avocat (bis)
L'bounet carré et in rabat.
Lon lan la di ri rette
C'est pour jugier le coq à mori
Lon lan la di ri ri.

TRADUCTION

Verdeau a une robe d'avocat,
Le bonnet carré et un rabat,
C'est pour juger le coq à mourir.

5ᵉ COUPLET

C'est ein vii coq qui i pu d'dix ans (bis)
Qu'est aussi dur que don fer blanc
Lon lan la di ri rette.
Ein laoue n'a pourrait point maingier
Lon lan la di ri ri.

TRADUCTION

C'est un vieux coq qui a plus de dix ans,
Qui est aussi dur que du fer blanc,
Un loup n'en pourrait point manger.

6ᵉ COUPLET

Par ma foi v'la tous les baroteux (bis)
Jacquot Thoumas est avo zeux
Lon lan la di ri rette
Sauve-tu Potier v'la qu'on vii t'qu'ri
Lon lan la di ri ri.

TRADUCTION

Par ma foi, voilà les baroteux, (1)
Jacques Thomas est avec eux ;
Sauve-toi, Potier, voilà qu'on vient te chercher.

---

(1) Conducteurs des chars sur lesquels certains « masques » simulaient dentistes ou charlatans.

7e COUPLET

Qu'est-ce aco ces faoue là qui v'nont (bis)
I un y inne civière, l'aut' in palon
Lon lan la di ri rette
Jean d'sus un âne lu d'vant derrier
Lon lan la di ri ri.

TRADUCTION

Qu'est-ce encore que ces fous là qui viennent ?
Il y en a un qui a une civière, l'autre un palon,
Jean est sur un âne le devant derrière.

8e COUPLET

On va faire sauter les étauts (bis)
Au biau mitan de la rue hau
Lon lan la di ri rette
J'ouarons comme y seront bourbillier
Lon lan la di ri ri.

TRADUCTION

On va faire sauter les étauts
Au beau milieu de la rue haute,
Nous verrons comme ils seront barbouillés

Le reste de la journée va se passer en divertissements variés ; la cavalcade masquée recommence sa
tournée rurale, elle est augmentée d'une unité : un
mannequin , bourré de paille, personnifiant le
« Mardi Gras » ; c'est aujourd'hui son jour de gloire ;
chacun acclame une royauté bien éphémère que le
bonhomme paiera très prochainement de sa vie. La
nuit venue, la salle de bal du Café Central, illuminée
par quelques lampes fumeuses, ne tarde pas
à se remplir ; l'orchestre composé le plus souvent du violoneux du village, attaque une première

polka, et tout le monde de s'offrir un plaisir qui finira par un galop échevelé à la fin duquel le violoneux sera certainement obligé de demander grâce aux robustes gars de l'Argonne.

L'après-midi du mercredi est marquée par une récréation absolument originale ; la jeunesse se prépare, comme elle dit en son patois argonnais, « A biller les états ».

Chaque localité possède généralement une mare ou gué, dans laquelle viennent s'abreuver et surtout se baigner les bestiaux ; cette mare joue un rôle important dans les plaisirs du jour. Les « masques » vêtus cette fois d'habits déchirés et loqueteux, ont préalablement parcouru le pays, s'arrêtant devant les maisons habitées par de jeunes ménages dont le mariage a été célébré depuis le dernier carnaval ; les époux ont remis aux joyeux « masques » des nœuds de faveurs, petits rubans soyeux multicolores. La bande bruyante, suivie d'une foule compacte, vient se grouper sur l'un des bords du gué. A quelques mètres de l'abreuvoir, un fort piquet, dont la partie supérieure est parfaitement horizontale, est enfoncé verticalement en terre ; une petite planchette étant posée sur son sommet, perpendiculairement à la mare les préparatifs sont complets et le jeu peut commencer. Les premières faveurs sont nouées autour d'une bille ordinaire placée sur l'extrémité de la planchette opposée au gué ; le doyen des « masques », un maillet à la main, frappe un coup sec à l'autre bout du morceau de bois ; la bille enrubannée se trouve fortement lancée en l'air, décrivant une courbe dans

la direction de la mare, tombant tantôt dans l'eau,
tantôt au delà des bords ; c'est alors une course
effrenée de la part des jeunes gens, chacun voulant
avoir la bille ; aussi, malgré le froid, personne ne

craint, le cas échéant, d'entrer dans le gué, où les
bousculades et les poussées occasionnent des chutes
qui n'ont comme conséquence que de faire prendre
des bains quelque peu boueux aux coureurs, à la
plus grande joie de l'assistance entière. Et l'on
« bille ainsi les étauts » jusque l'extinction complète
du dernier nœud de faveurs ; puis les rangs des

« masques » se reforment, les vainqueurs, le flot de rubans à la boutonnière ou au chapeau, prennent la tête du cortège ; tous se dirigent vers l'auberge où un grand saladier de vin chaud rapidement réparti entre les joueurs atténue immédiatement les inconvénients d'une froide baignade à une époque qui n'est pas de saison. La station au cabaret n'est pas bien longue.; les jeunes gens retournent faire toilette et se rendent au bal qui a la réputation d'être le plus beau du carnaval.

Avec le jeudi se terminent les fêtes carnavalesques. L'après-midi, les « masques » se mettent en quête de combustibles divers, bottes de paille, copeaux, faguettes ou fagots. Sur la grande place, un bûcher est rapidement élevé ; l'accusé, le mannequin représentant le « Mardi Gras », est apporté devant ses juges ; le tribunal, après un jugement sommaire, le condamne à être brûlé. Le bonhomme est aussitôt suspendu au-dessus du bûcher et l'on place une torche enflammée à sa base ; c'est d'abord une fumée épaisse qui s'élève, masquant messire « Mardi Gras », puis ce sont des flammes claires qui l'atteignent et le voilà flambant, pendant que toute la jeunesse va dansant une ronde bruyante autour du foyer et que les cris « V'là Mardi Gras qui brûle ! » se font entendre de tous côtés ; le feu continue son œuvre et quand du mannequin il ne reste plus qu'une loque noircie et informe, on le saisit, on l'emporte et on le jette dans la mare voisine où l'eau achève la décomposition que les flammes avaient si bien commencée. Cette fois « Mardi Gras » est bien mort et avec lui le joyeux carnaval.

CHAPITRE XXVI

LA FÊTE PATRONALE

C'est aujourd'hui vendredi, et dimanche sera jour de fête patronale. Les préparatifs se font avec la plus grande activité ; dans la chambre à four, sur les chaises, sur les tables, sur la « maie », par terre, on ne voit que « dorées », « bout-à-bras », « gâteaux mollets », capables de satisfaire les palais les plus délicats ; dans la basse-cour, ce ne sont que massacres sur massacres : poulets, coqs, canards, lapins, sont indifféremment sacrifiés en attendant d'être transformés en fricassées, rôtis, pâtés, qui feront les délices des invités.

A ces préparatifs culinaires se joignent les soins de propreté de la maison, du mobilier, de la vaisselle : les couverts ont été étamés, les casseroles en cuivre brillent d'un vif éclat au milieu de la batterie de cuisine, les vitres frottées par une main vigoureuse, font concurrence aux glaces les plus pures, les rideaux neufs remplacent avantageusement ceux que la fumée de la vaste cheminée avait noircis ; un rouge brillant fait ressortir les carreaux du pavé ; au milieu de la grande salle, la table des jours fériés, recouverte d'une nappe à la blancheur éclatante, n'attend plus que la vaisselle fleurie et les verres cristallins des grandes occasions.

A côté de l'église, le mouvement pour être différent qu'à l'intérieur des habitations, n'en est pas moins considérable ; les forains ont pris possession de l'emplacement ; ici s'élève le manège de chevaux de bois qui fera la joie des enfants, là le tir réduit où chacun montrera son habileté, plus haut les baraques de jouets et de sucreries dont les jeunes chalands attendent impatiemment l'ouverture. Tout près de ces établissements éphémères, les gars villageois sont loin d'être inactifs ; à grand renfort de pics et de pioches, les uns creusent des trous, assujettissent des mâts que l'on décorera de drapeaux, les autres élèvent l'orchestre qui recevra les musiciens ambulants, quelques-uns suspendent un lustre, des verres lumineux, des ballons, destinés à illuminer le coin ombragé réservé aux danseurs.

Les réjouissances débutent dans la soirée du samedi. Les jeunes gens, musique en tête, font le tour du village, s'arrêtant devant les maisons des notables et devant celles où habitent les demoiselles afin d'y donner les sérénades habituelles, façon charmante de prévenir les jolies argonnaises qu'elles peuvent compter sur de joyeux cavaliers pour le bal du lendemain.

Cette promenade nocturne se prolonge jusque l'aurore, aussi le temps consacré au sommeil est bien court et le dimanche arrive à grands pas. Les cloches de la vieille église sonnent à toute volée et beaucoup assistent encore à la messe patronale ; celle-ci ne dure d'ailleurs pas longtemps ; à la sortie, la jeunesse entière se groupe près de la grande porte où les musiciens attendent ; les voilà partis joyeusement, bras dessus, bras dessous, musique en tête, faire une nouvelle tournée villageoise, manière tout à fait originale d'annoncer aux ménagères que l'heure du déjeuner est venue.

Alors, dans toutes les maisons, le festin est plantureux. Une fois de plus on peut s'assurer que l'hospitalité argonnaise n'est pas un vain mot ; parents et amis sont accueillis à bras ouverts ; peut-être la place autour de la table fait-elle quelquefois un peu défaut, on se resserre les uns les autres et les convives, d'abord silencieux comme des gens qui ont à satisfaire un robuste appétit, ne tardent pas à délier leurs langues, à rire, à chanter et cela pendant une bonne partie de l'après-midi.

Puis ce ne sont que groupes joyeux qui convergent vers les baraques foraines où chacun cherche le divertissement qui lui plaît : fillettes et garçonnets, amazones et cavaliers fougueux, envahissent les chevaux de bois, et, sans y réussir, cherchent à maîtriser l'ardeur de leurs montures rapides ; jeunes filles et garçons, entraînés par les airs d'un excellent orchestre, rivalisent de grâce et de souplesse dans les danses les plus variées ; grand'mamans et bébés, se promènent lentement devant les boutiques des marchands de jouets et de sucreries, dévalisant celles-ci à la plus grande joie des forains dont la recette est superbe ; grands-papas et hommes d'âge prennent d'assaut les chaises et les tables que les débitants ont disposées en terrasses, pour la circonstance, sur le seuil des auberges et là, pendant des heures entières se livrent à de nombreuses parties d'écarté et de piquet.

Quand vient le soir tous ces plaisirs sont interrompus par le dîner qui ne laisse rien à désirer sur le déjeuner qui l'a précédé. Les jeunes gens quittent bien vite la table pour retourner au bal qui durera toute la nuit ; c'est pour les heureux couples l'heure des tendres causeries et dans les trop courts intervalles que laissent les mazurkas et les quadrilles, de bien doux serments s'échangent entre cavaliers et cavalières qui s'éloignent du bruit et se perdent dans les allées de marronniers faisant l'orgueil du village.

Les réjouissances du lundi sont en tout semblables à celles du dimanche ; avec le mardi apparaissent quelques variantes. La matinée est consacrée à la « Promenade aux gâteaux ». Comme au carnaval, les garçons remplissent le rôle de frères quêteurs ; les uns tiennent à deux des manches à balai, d'autres des paniers, le doyen une bourse ; accompagnés des musiciens, ils s'en vont ainsi de rues en rues, de maisons en maisons, recevant ce qu'on veut bien leur donner : « bout à bras » qui s'embrochent rapidement aux manches à balai, galettes qui font ployer les anses des paniers, monnaies diverses qui rendent la bourse rondelette, le tout destiné au goûter de l'après-midi.

Un exercice original les « Olivettes » attire après déjeuner les familles et les invités autour de l'emplacement du bal. A l'heure dite, l'orchestre attaque un air malheureusement trop connu dans les années qui suivirent nos défaites de 1870 et sur lequel se répétait une sorte de complainte dont voici un fragment :

> Lon, lon, la, laissez-les passer,
> Les Français dans la Lorraine,
> Lon, lon, la, laissez-les passer,
> Ils auront du mal assez.

Des chaises, une douzaine environ sont placées en ligne droite, espacées les unes des autres d'un intervalle de quarante à cinquante centimètres ; à tour de rôle, chaque danseur, sautillant sur le pied droit, la jambe gauche repliée en arrière, doit accomplir le trajet compris entre les sièges en laissant alternativement une chaise à droite et une chaise à gauche et cela sans en toucher aucune ; en cas de maladresse, non seulement il est en butte aux moqueries de l'assistance, mais en plus une marque à la craie faite sur le dessus de la pointe de sa chaussure indique qu'il aura une amende à verser. Un second exercice consiste à sauter une à une les chaises à pieds joints ; les sièges sont ensuite accouplés deux à deux, trois à trois et doivent être franchis avec élan ; l'on termine en accolant six ou huit chaises et des vivats accueillent le vainqueur qui a su se montrer excellent gymnase en franchissant un obstacle véritablement considérable.

Cette récréation physique a excité l'appétit des sauteurs. Grâce aux pâtisseries recueillies le matin, le goûter est bien vite improvisé. Y participent, non seulement les garçons du bal, mais encore leurs gentilles cavalières qu'ils se sont empressés d'aller inviter. La collation est des plus gaies, chacune et chacun est ténu de montrer ses talents de chanteurs ; d'ailleurs les musiciens sont là qui accompagnent de

leurs instruments les artistes timides ou débutants.
Une sauterie termine la soirée et la fête, et cela aux
grands regrets de la jeunesse, qui a trouvé trop courts
ces jours de plaisirs simples et rustiques comme on
les aime au village.

CHAPITRE XXVII

Tout l'après-midi du dimanche, par les rues du village circule un groupe de sept à huit jeunes filles ; elles entrent dans les maisons qui se trouvent sur leur passage et n'y séjournent que quelques instants ; là où les demeures sont fermées, l'une d'entre elles trace à la craie une grande croix sur la porte close : c'est la future mariée avec son cortège de demoiselles d'honneur qui va faire part de son mariage devant être célébré vers la fin de la semaine.

A partir du lundi, ce qui reste de temps est consacré aux préparatifs ; les jeunes gens s'en vont par les bois cueillir des branches feuillues et ramasser des corbeillées de mousse verdoyante ; avec cette mousse et des papiers multicolores, les jeunes filles confectionnent des guirlandes et des fleurs. La veille de la cérémonie, dans une vaste grange, débarrassée pour la circonstance des voitures et instruments aratoires qu'elle abrite en temps ordinaire, tapissières et tapissiers improvisés clouent des draps aux murs, attachent les guirlandes, épinglent les bouquets et adaptent au-dessous de la porte d'entrée un faisceau de branches vertes tout enguirlandé de rubans.

Les invités du dehors commencent à arriver, qui à pied, qui en voiture, et vont déposer leurs valises ou leurs malles chez des amis et parents des futurs époux, où, pendant quelques jours, ils recevront le meilleur accueil. Le soir, un dîner de circonstance réunit tout le monde ; c'est le prélude des festins de Gargantua du lendemain et du surlendemain.

Le jour du mariage, dans la matinée, les demoiselles d'honneur et les parents les plus proches procèdent à la toilette de la mariée ; bientôt les cloches du temple se mettent en branle : invitées en robes de soie, invités en habits ou en redingotes, se dirigent vers l'habitation de la jeune épouse ; peu à peu le cortège s'organise : en avant, la fiancée au bras de son père ; derrière, le fiancé conduisant sa future belle-mère, puis le papa du marié et la maman de la mariée ; viennent ensuite la phalange des jeunes gens, celle des parents plus ou moins éloignés et celle des amis. Avant que le cortège ne s'ébranle, des garçons endimanchés s'approchent du fiancé ; l'un d'eux lit un compliment, l'autre offre un bouquet, pendant que des pétarades éclatent sur le seuil des maisons voisines : c'est la bienvenue qui vient d'être souhaitée aux futurs.

Le signal du départ pour la mairie vient d'être donné, et gravement tout le monde se met en marche ; la place est alors remplie de curieux et les conversations d'aller leur train, naturellement sur les toilettes, la tenue et le nombre des invités. La cérémonie civile terminée, la noce se dirige vers l'église où la cérémonie religieuse s'accomplit sans particularités dignes d'être citées ; la coutume est en effet disparue d'étendre au-dessus des époux, durant une partie de l'office, un drap blanc que maintenaient quatre demoiselles d'honneur.

A la sortie de la messe, marié et mariée prennent la tête du cortège ; ils sont précédés de quelques musiciens et aux accents d'une marche entraînante la noce s'achemine vers la maison nuptiale ; non seulement les invitées et les invités prennent cette direction, mais encore toutes les personnes du pays qui ont tenu à faire honneur aux nouveaux époux. A peine rentrée chez elle, la mariée se place près du seuil de la porte et reçoit force souhaits et force baisers des gens de la noce et des gens d'honneur ; c'est son entrée dans la vie de jeune femme ; un verre de vin et un morceau de brioche sont offerts aussitôt à tous ceux qui s'acquittent de cette tâche agréable.

Le premier repas officiel du mariage a lieu généralement vers deux heures ; en attendant, toute la jeunesse se rend dans la salle de l'auberge principale du village et pendant une couple d'heures polkas et valses aiguisent l'appétit des danseurs, tandis que des apéritifs répétés produisent, dit-on, un effet semblable chez les vieux. De retour dans la salle du banquet, chacun prend le siège qui lui est assigné ; aux époux naturellement est réservée la place d'honneur. Durant l'après-midi entière, le défilé des plats, plus plantureux les uns que les autres, est incessant ; l'heure du dessert est aussi l'heure des chansons : romances, couplets patriotiques, monologues comiques attendrissent, enlèvent ou égayent les convives qui ne se font pas défaut d'applaudir les artistes improvisés dont certains, parfois, font preuve d'un véritable talent. Avant de quitter la table, un joyeux compère

LE CORTÈGE NUPTIAL

ouvre le feu pour ne pas laisser tomber en désuétude un antique usage portant, annonce-t-il, bonheur aux mariés : c'est le « bris de la vaisselle » ; que celle-ci soit vulgaire ou recherchée, ancienne ou moderne, rien n'y fait : soucoupes, assiettes et plats, étoilés d'abord en leur milieu par un violent coup de coude, sont ensuite jetés à terre où ils se brisent en mille morceaux ; pendant quelques minutes, ce n'est qu'un fracas assourdissant dont se réjouira certainement le loueur ou le marchand de faïence.

Jusque bien loin dans la soirée, le bal est des plus garnis ; jeunes et vieux y prennent part ; la mariée, fêtée, adulée, a, tour à tour, comme cavaliers les garçons de noce et les garçons d'honneur. Vers le coup de minuit, un dîner, qui se prolonge jusque deux ou trois heures du matin, termine les agapes de la première journée ; à la fin de ce repas, autant que possible inaperçus, mariée et marié regagnent la chambre qu'ils ont choisie. Toutefois, ils ne vont pas encore y jouir d'une tranquillité absolue ; une chasse aux époux est en effet organisée par la jeunesse ; les pièces de toutes les maisons amies sont fouillées, explorées ; si les portes sont fermées, on enlève les volets des greniers et, à l'aide d'échelles, on pénètre ainsi dans les habitations. Après maintes recherches et sauf de rares exceptions, les mariés sont découverts ; c'est l'instant de leur offrir le vin chaud que l'époux solde d'une forte amende, après quoi liberté complète lui est rendue ainsi qu'à son épouse. Et chacun de prendre ensuite un repos indispensable.

Après une grasse matinée, jeunes gens et jeunes filles commencent la seconde journée de noce par des farces innocentes ; la plus commune est celle du « blanc et du noir ». Les garçons se munissent de suie, les demoiselles de farine ; entre les uns et les autres, c'est une lutte des plus folles et, en quelques instants, mains, visages et vêtements sont dignes de figurer à côté de ceux des charbonniers et des meuniers de profession ; des ablutions abondantes font disparaître les traces de ces duels inoffensifs ; les costumes de cérémonie sont revêtus, banquets et bals se succèdent comme la veille, ne laissant aucun repos dans ce deuxième jour de fête qui sera sinon semblable, du moins plus joyeux que le premier, car une sorte d'intimité s'est déjà établie entre les convives, intimité qui, la plupart du temps, porte ses fruits, car il est bien rare que ces réjouissances ne soient le point de départ d'un futur mariage, lequel, à son tour, sera la source de divertissements rompant la monotonie de la vie villageoise.

CHAPITRE XXVIII

ANTIQUE FOIRE ARGONNAISE

Avec le mois de novembre, l'hiver est revenu ; la terre fortement gelée résonne sous les pieds des voyageurs qui se pressent nombreux sur les chemins durcis ; tous se dirigent vers Clermont-en-Argonne, bourg très coquet, dont les maisons aux pignons blancs, sont bâties en amphithéâtre sur les contours d'un des éperons orientaux de l'Argonne à une faible distance de la poissonneuse et claire rivière d'Aire. C'est jour de foire dans le bourg et c'est ce qui explique pourquoi, malgré la température presque sibérienne de la saison, l'affluence des piétons est si considérable sur les voies aboutissant à l'ancienne capitale du Clermontois. Par les sentiers de la forêt, gens de Florent, de la Grange-aux-Bois, de Futeau, de Beaulieu, cheminent en groupes, la hotte au dos, devisant à haute voix sur les divertissements qu'ils trouveront à la foire et sur les achats qu'ils y réaliseront ; sur les routes rugueuses, dans la plaine du Verdunois, paysans à la blouse grise, paysannes à la coiffe lorraine, avec, sur les épaules, des chargements de filasse ou de linge écru, escomptent à l'avance, au contraire, les recettes probables de la journée.

Bientôt vendeurs et acheteurs arrivent au bourg. Malgré l'heure matinale, les auberges sont ouvertes et chacun d'y prendre un déjeuner frugal : un petit verre de « goutte » dans lequel hommes et femmes font la trempinette avec force croûtons de pain, accusant ceux-ci, pour s'excuser sans doute, d'absorber l'eau-de-vie d'une seconde et d'une troisième tournées qui font généralement suite à la première. Après quoi

Cliché Martinet.

CHAPELLE DE SAINTE-ANNE

tout le monde afflue sur la place de la Mairie, dominée par un coteau sur le flanc duquel semble accrochée la vieille église, à mi-chemin du plateau de Sainte-Anne où s'élevait autrefois l'antique château-fort qui défendait une des voies d'accès du pays lorrain et dont il ne reste plus qu'une modeste chapelle.

Sur tout le parcours de cette place et à l'entrée des rues adjacentes, la foire ne tarde pas à battre son

plein. Satisfaction est donnée à tous les goûts et à
tous les âges. Ici, c'est le côté des plaisirs ; près de
la maison commune, juché sur l'avant de sa voiture,
un charlatan bariolé et casqué débite à haute voix
les vertus d'un onguent nouveau capable de guérir
presque instantanément, coupures, panaris, abcès et
autres maux de même acabit ; entre temps, il arrache
« non sans douleur » à l'aide de longues pinces,
les dents des naïfs qui se laissent aller à lui servir
de sujets d'expériences ; tout près, sur une roulotte,
une bohémienne dépenaillée souffle, par un long tube
en fer blanc, la bonne aventure à une petite servante
de ferme en quête d'un mari, à un gars d'une vingtaine d'années qui veut connaître le numéro de son
prochain tirage au sort, à un vieil avare à la recherche
d'un trésor toujours introuvable ; plus loin, c'est un
théâtre ambulant sur l'estrade duquel les pîtres
s'exercent à une parade des plus grotesques afin
d'attirer les spectateurs dont les gros sous rempli-
ront la caisse de la troupe nomade ; ce sont encore
les boutiques à jouets et à tourniquets, joie des
enfants qui ont eu le bonheur d'accompagner leurs
parents.

Le point central de la place est le rendez-vous des
affaires sérieuses. Sur de longues tables à tréteaux,
les marchands bonnetiers ont disposé leurs étalages
d'articles d'hiver : tricots ou gilets de laine, caleçons,
bas et chaussettes, chaussons de Vienne-le-Château ;
dans les intervalles de ces tables, à même sur le sol,
les paysannes lorraines, très remarquées par leur
costume local, ont déposé d'énormes tas de filasse

dont les fileuses argonnaises feront amples provisions pour les veillées de la « Cavée » ; sur les grosses bornes, formant les angles des rues, les colporteurs ont assujetti leurs boîtes ambulantes renfermant à la fois nombre d'articles de mercerie et les almanachs nouveaux attendus depuis si longtemps ; de ci, de là des montagnes de sabots fabriqués avec les arbres de la forêt voisine alternent avec de véritables collections de brides aux dessins les plus variés ; circulant à travers la foule, les tisserands lorrains, avec, sur l'épaule, de pesantes charges de linge déjà usagé, vantent à l'envi la qualité de leurs marchandises.

L'heure de midi n'interrompt guère le cours des affaires. Sur la place, les marchands dînent sobrement, tout au plus se feront-ils apporter un bol de vin chaud du restaurant voisin afin de réagir contre le froid à peine atténué par les pâles rayons du soleil d'hiver ; acheteurs et curieux s'engouffrent au contraire dans les auberges devenues trop petites pour la circonstance et finissent, non sans difficulté, par se faire servir une bonne soupe aux choux complétée par un plat de légumes et un morceau de lard, avec quoi ils se trouveront parfaitement restaurés.

Ensuite, comme il y a une distance assez grande du bourg aux villages et qu'en cette saison la nuit vient très vite, après un dernier tour sur la foire, les groupes ne tardent pas à se reformer ; chacun retourne de son côté, acheteurs, la bourse vide mais la hotte pleine ; vendeurs, l'escarcelle remplie et la hotte vide, tous contents d'une journée qui a permis aux uns d'écouler les produits de leurs petites industries et aux autres de faire des achats pour longtemps et tous heureux d'un passe-temps agréable dans la foire autrefois la plus réputée de la région.

CHAPITRE XXIX

LA BUCHE DE NOEL

Malgré l'heure tardive et la tempête de neige qui s'abat sur le plateau, les fenêtres des maisons sont encore éclairées, car cette soirée est celle du vingt-quatre décembre dans laquelle riches et pauvres fêtent la bûche de Noël. Elle a été mise de côté parmi les plus fortes et les plus noueuses à l'époque de la rentrée de la provision de chauffage et, il y a un instant, par devant toute la famille assemblée, le grand-papa l'a placée sur les gros chenets de fonte et la grand'maman l'a aspergée, suivant la coutume, de quelques gouttes d'eau bénite.

Et maintenant que la bûche flambe d'une belle flamme rouge, sur la braise tirée à l'avant du foyer, la maîtresse de céans dispose le trépied noirci par l'usage qui sert habituellement de support au gaufrier à longs bras. La « gaudrée » est préparée dans une vaste terrine en terre ; à l'aide d'une forte cuiller, la ménagère emplit le gaufrier préalablement graissé avec un morceau de lard piqué à l'extrémité d'une fourchette ; un coup de feu en dessous, un coup de feu en dessus et dans le moule retourné prestement la première gaufre est cuite à point ; partagée aussitôt entre tous les veilleurs, ceux-ci donnent leur appréciation et, s'il en est besoin, lait, farine ou sel sont ajoutés au contenu de la terrine ; puis tous se régalent de gaufres chaudes et dorées que l'on ne se fait pas défaut d'accompagner de pétillant cidre du cru.

A peine la table est-elle débarrassée des verres, bouteilles et assiettes qui l'encombrent, qu'elle est recouverte d'un ample châle à grandes fleurs jaunes et rouges faisant office de tapis ; des cartes sont apportées et d'interminables parties de valet de pique vont se succéder jusque et pendant la messe de minuit. A la chaleur du feu, les enfants se sont endormis malgré leur grand désir de rester éveillés afin d'assister aux offices de la nuit ; en les déshabillant pour les coucher soi-disant momentanément, on les console en leur promettant de les conduire à la « chapelle blanche » ; la « chapelle blanche » en « Pays d'Argonne », c'est le lit aux rideaux et aux draps d'un blanc immaculé, les enfants l'ignorent et par ce pieux mensonge qui, en réalité, n'en est pas un, les parents reconquièrent pour le reste de la soirée leur liberté complète.

Mais voici les cloches qui se font entendre ; les mamans et les jeunes filles chaussent leurs sabots, revêtent leurs pelisses et abritent leurs têtes sous de chaudes capelines ; une lanterne à la main, elles se dirigent vers l'église dont les grandes baies illuminées brillent dans le lointain ; les rues généralement désertes à cette heure présentent bientôt un curieux aspect : ce ne sont que dames et demoiselles s'interpellant dans la nuit et poussant parfois de hauts cris lorsqu'au détour d'une ruelle, une avalanche de boules de neige, lancées par quelques gas mal avisés,

L'ANTIQUE BÉNÉDICTION DE LA BUCHE

cachés derrière des piles de bois ou de merrain, s'abat subitement sur les promeneuses nocturnes. Elles ne sont en sécurité qu'à l'intérieur du temple, où chants et cantiques retentissent incessamment sous les voûtes profondes de l'édifice sacré, cependant que le berger du village, revêtu d'une large houppelande, portant sur les épaules un agneau à la toison blanche, parcourt à pas comptés les nefs du lieu saint, en souvenir de l'antique hommage des bergers à la grotte de Bethléem.

A la maison, la bûche achève de se consumer et les parties de cartes ont cessé. Sur le milieu du foyer incandescent, le large grille suspendu d'ordinaire dans la cheminée a été placé. C'est au tour du maître du logis à préparer le réveillon, car suivant l'appellation locale, on ne va pas tarder à « ressiner ». Le menu est fourni par les porcs qui ont été tués deux ou trois jours auparavant : grillades, côtelettes, saucisson et boudin s'alignent au-dessus de la braise ardente, remplissant la pièce d'une saveur des plus appétissantes.

A la demie de une heure, les femmes rentrent, à moitié transies par le froid malgré les « couvets » dont elles s'étaient munies. Les coins du feu leur sont offerts et autour de la table bien garnie, les convives, ne « perdant pas un moment », ne perdent pas un coup de dent ; le vin chaud a remplacé le cidre et quand vient le dessert, les bougies sont éteintes et un immense « brûlot » éclaire de ses lueurs violacées les faces des assistants. Lorsqu'il est refroidi on en emplit les verres et après avoir trinqué à la ronde, près de la bûche qui s'use, des chants s'élèvent partout ; ce sont les « Noëls » d'antan dont les couplets souvent malicieux malgré leur fond religieux mettent spirituellement en relief, ainsi que nos lecteurs peuvent le constater dans ce «Noël du Doyenné de Sainte-Ménehould », les qualités et défauts particuliers des habitants des différentes communes de la région.

NOEL

DU DOYENNÉ DE SAINTE-MÉNEHOULD

> Imitons les trois mages :
> Chrétiens, traversons nos coteaux ;
> Quittons tous nos villages,
> Et laissons nos hameaux !

> Vers Ste-Ménehould hâtons nos pas,
> Courons en foule au Jovinas ;
> Prenons avec nous Nicolas :
> Il sait toutes les routes.
> Et nous conduira sans travaux,
> Quand on n'y verrait gouttes,
> Au son des chalumeaux.

> C'est là qu'on dit que le Sauveur,
> Que l'on nous promit par faveur
> Pour terminer notre malheur,
> Est né dans une étable.
> Il importe de le savoir ;
> Peut-être est-ce une fable ?
> Courons, allons-y voir.

Les anges qui l'ont annoncé,
En parcourant le doyenné,
Pas un village n'ont oublié,
    Les bergers de nos plaines
Plus d'un concert ont entendu,
    Et droit à Chaud'fontaines
    Courent tout éperdus.

Quand Bignipont vit la clarté,
Incontinent s'est apprêté,
Tout le premier est arrivé :
    Sur d'la paille sans toies
Trouvant ce prodige nouveau,
    Des plumes de ses oies
    Garnit tout son berceau.

Saint'-Ménehould devient Ephrem,
N'imite pas Jérusalem,
Soudain court à ce Bethléem,
    Et les peuples convie,
Par son exemple et ses présens;
    Malgré son incendie,
Offre or, myrrhe et encens.

Les nônes de Saint-Augustin
Entre elles députent un capucin,
Barbe touffue, visage plein,
    Pour présenter des langes
    Et bijoux de dévotion
    A ce grand Roi des Anges,
    Par vénération.

Les éveillés du Pavillon,
Oyant sonner le carillon,
Se chargent de sucre et brillon;
    Pour avoir audience.
A Saint-Joseph font compliment,
    Qui droit à eux s'avance,
    Les présente à l'Enfant.

De peur d'y arriver trop tard,
D'autres hameaux par là épars,
A l'exemple de Beauregard,
    Passent par l'Ermitage ;
Courent grand train vers ce réduit,
    Tous chargés de laitage
    Et d'un très rare fruit.

Les jolies filles de Florent,
Que l'on disoit depuis longtemps
Belles dehors, laides dedans,
    Sont dignes de louanges ;
De leur sexe faisant l'honneur,
    Ayant, selon les anges,
    L'estime du Sauveur.

Pour toi, perfide Grange-aux-Bois,
Qui, jurant, jadis protestois
Qu'aucun Dieu ne reconnaissois ;
    Viens ici reconnaître,
Convaincue de cette clarté,
    Un seul souverain être
    Et sa divinité.

Les Passavantins bien crottés,
Passant aux Frutiles sont volés,
Et par Verrières sont bien raillés ;
    Chose désagréable,
Aucun d'eux ne peut dire deux mots.
    Paroissant dans l'étable,
    On les prit pour des sots.

Les Villerois, peur d'accident,
Se joignent à Châtrice en passant,
Prennent avec eux un moine blanc,
    Qui présenta l'offrande
Au nom de deux communautés :
    Une tarte friande
    Avec deux gros pâtés.

De Verrières les railleurs,
Fils de Nemrod, fameux chasseur,
Battent les bois avec clameur,
　Font des présents bien riches,
Dont on charge plusieurs mulets,
　Trois sangliers, deux biches,
　Une ânée de poulets.

Varimont part de grand matin :
A sa vue ceux de Dommartin
Tuent leurs cochons, font du boudin.
　Avec quelques grillades,
Qu'ils portent à ce divin Enfant,
　Qui leur fait quelqu'œillades
　Et signes en souriant.

Toutefois Dampierre-le-Château,
Qui n'entend n'à dia, n'à huhau,
S'attribuant un droit nouveau,
　Loin de faire ses hommages
Au Christ, à ce Roi tout puissant,
　Attend ceux des villages,
　Au château de Mirlant.

Rapsécourt n'est pas si menteur,
En ce jour fait voir son bon cœur,
Etale à nos yeux sa candeur.
　S'approchant, considère
　Cette éternelle vérité :
　Dès là devient sincère
　Et suit la loyauté.

Les habitants de Voilemont,
Ayant tous les mules aux talons,
Restent derrière ceux de Herpont ;
　Ceux d'Auve les devancent
　Et terminent tous leurs projets ;
　Ceux de Saint-Mard balancent,
　Ils ne sont jamais prêts.

Les embourbés de Gizaucourt,
Et la Chapelle avec Felcourt,
   S'en vont tout à Mafrécourt,
    Le bissac sur l'épaule,
Rempli de poissons estimés ;
    En la main une gaule
    Pour sauter les fossés.

Dancourt, Elize, Braux-St-Remy.
   Puis Plagnicourt et Maujouy,
Tous ensemble avec Maupertuy,
    Présentent vingt halottes,
Douze canards et cent vanneaux,
    Un panier d'échalottes
    Avec trois fins gâteaux.

Moncets, les Granges et Châtillon,
Voyant briller le mont Yvron,
Sont éblouis de ce rayon ;
   Croyant voir un miracle,
Chacun est tombé morfondu :
    En effet, c'est l'oracle
    Dès longtemps attendu.

Dampierre, Argies font leur complot,
Passent la rivière en bachot
A Braux Saint'-Cohière. Aussitôt
    Dommartin-la-Planchette,
    Courut trouver compagnons :
    Çà, qu'un chacun s'apprête
    Vite, et nous dépêchons !

De Valmy les fendans bourgeois,
Généreux Gascons-Champenois,
Marchant tous sur le pied françois
Comme à des épousailles,
Puis, après beaucoup de façons,
    Présentent au bœuf des pailles,
    A l'âne des chardons.

Ce qui réjouit plus l'Enfant,
Fut lorsque Marie doucement
Déploya pour lui le présent
  De la maison des Planches ;
C'était un bonnet très mignon,
  De fines cottes blanches
  Et des bas de coton.

Somme-Bionne et Hans, les plus dévots,
S'avançoient à pas d'escargots,
N'ayant aux pieds que des sabots,
  Lorsqu'une pluie subite,
Tombant sur eux dans le chemin,
  Les obligea bien vite
  De gagner Dommartin.

Les habitants de Dommartin,
Croyant que c'était Groswestein,
Courent à l'église, sonnent le tocsin,
  Tiroient d'humeur constante
Sur eux, les croyant partisans,
  Sans une voix perçante
  Qui crie : J'étans de Hans.

Après un moment d'entretien,
Chacun reconnut son voisin,
D'accord se remettent en chemin,
  Ayant de bons fromages
Et des oiseaux bien éveillés
  Dans une belle cage,
  Quoiqu'ils soient bien mouillés.

Les bons enfants de Courtémont
Réveillent les Macâts du Pont ;
De là s'en vont droit à Moiremont.
  Leur chemin ils poursuivent,
Et par la chaussée du Sougnas,
  A la fin ils arrivent
  Auprès du Jouvinas.

Arrivés au pied du berceau,
Ils présentent trois gros agneaux,
Les plus jolis de leurs troupeaux ;
    Marie, douce et divine,
Les reçoit au nom de l'Enfant,
    Qui, sitôt leur fait signe
    Qu'il en est très content.

Ceux de Moiremont entrent soudain
Ayant leur chapeau à la main,
A leur tête un bénédictin,
    Qui pour eux complimente
Fort poliment ce nouveau Roi,
    Et chacun lui présente
    Son hommage et sa foi.

Or ceux du Pont, bien fatigués,
La hotte au dos, chapeaux troussés,
A la main des bâtons ferrés
    Déchargent quelques bottes
D'échalas et de vieux sarment
    Qu'ils jettent dans la grotte
    Pour réchauffer l'Enfant.

Les Chaud'fontainois désolés
D'avoir presque toujours passés
Pour des Quatr'-Ventres affamés,
    Les premiers donnent l'exemple
D'une exacte frugalité :
    Une offrande bien ample
    A jeun ont présentée.

Triaucourt apprend à son tour,
Qu'un Enfant-Dieu fait son séjour
Sur terre, et sa céleste Cour,
    Arrive en diligence :
D'un air poli et gracieux
    Soulage l'indigence
    De ce maître des Cieux.

Mais les couplets sont longs et nombreux ; la vieille horloge, placée dans un des angles de la pièce, vient de sonner trois heures ; dans l'âtre, la bûche est maintenant réduite en cendres ; c'est l'instant des adieux et chacun de s'embrasser et de serrer la main avant de regagner la chambre où un sommeil réparateur permettra d'être frais et dispos pour fêter le jour venu la Noël argonnaise.

SIXIÈME PARTIE

—

L'HABITANT

L'Argonnais est comme son pays : le type pur a quelque chose de rustique ; il est de taille moyenne, mais robuste ; les durs travaux sylvains auxquels il se livre d'habitude, ont endurci ses muscles et le rendent capable de résister aux plus dures difficultés matérielles. Avec son visage quelque peu taillé à vive arête, il est d'aspect rude et même bourru ; sous ces dehors brusques, il cache une richesse de cœur surprenante ; à peine êtes-vous devenu son hôte, qu'il met toute sa maison à votre disposition et n'est pleinement satisfait qu'autant que vous aurez amplement profité de son hospitalité.

Son jugement est sûr et il aime à réfléchir ; d'ailleurs, ses longues stations solitaires au milieu des vastes forêts n'en sont-elles pas un peu la cause ? Son honnêteté est proverbiale et sa franchise ne laisse rien à désirer auprès des qualités que nous venons d'énumérer.

Il est d'une activité et d'une endurance extrêmes ; placé non loin de la frontière, il a toujours vécu dans une alerte perpétuelle, aussi est-il foncièrement guerrier, et n'hésite-t-il jamais à prendre son arme pour défendre le sol natal.

Il conserve, éloigné du pays, la marque de sa petite patrie ; en cela, semblable au Limousin ou au Breton, son rêve est lorsqu'il aura réalisé quelques économies, de revenir finir ses jours dans la maisonnette paternelle.

L'Argonnais n'est pas non plus sans défaut, et s'il prend facilement son fusil contre l'envahisseur, il le prend aussi aisément contre le gibier; il n'aime pas qu'on se mêle de ses affaires; il est très susceptible et souvent, quand l'âge n'a pas encore mâté sa fougue naturelle, avec lui les moindres disputes dégénèrent en luttes, la plupart du temps sans conséquences graves et à la suite desquelles les combattants ne se gardent nullement rancune.

Cette exubérance de vigueur et de forces en forme un travailleur émérite; aussi que ce soit des **mains** *ou de* **l'esprit,** *il est tenace à la besogne et veut quand même atteindre le but qu'il s'est assigné, ce qui fait que l'Argonne, quoique de peu d'étendue, possède un contingent d'hommes remarquables,* **écrivains, artistes, savants, soldats,** *dont elle est justement fière et dont les biographies choisies aux meilleures sources ont leur place indiquée dans l'étude que nous faisons de la région.*

CHAPITRE XXX

UN PHILOSOPHE ET UN CRITIQUE ARGONNAIS

Taine.

L'illustre Taine, relate M. *C. Thévennin*, est né à Vouziers, dans l'Argonne ardennaise, le 21 avril 1828. Son père, alors avoué-plaidant, occupait le premier étage d'une maison sise au coin des rues dénommées actuellement rue Chanzy et rue Avetant. Sur le n° 30 de la façade, on remarque une plaque en marbre noir portant en lettres dorées l'inscription suivante :

HIPPOLYTE-ADOLPHE
TAINE
DE L'ACADÉMIE FRANÇAISE
EST NÉ
DANS CETTE MAISON
LE 21 AVRIL 1828

En 1834, M. Taine père devint locataire de la maison du maître de pension Courboulis ; c'est dans cet établissement que le futur écrivain apprit à lire ; plus tard, M. Pierson, acquéreur de la pension, devint le second instituteur du philosophe d'avenir ; de cette époque, les condisciples de l'ancien externe ont conservé du critique le souvenir d'un travailleur infatigable, d'un bon camarade au caractère égal et ouvert. Lorsque M. Taine père mourut, son fils fut envoyé à Rethel chez un vieux prêtre ; il ne s'y plut pas, revint à la maison et y reçut les soins de ses deux tantes paternelles et les leçons de son oncle maternel, M. Besançon. Dans la suite, il entra comme élève au lycée Bonaparte, à Paris, et obtint, en 1847, le prix d'honneur de rhétorique. En 1848, il est reçu premier à l'Ecole normale ; au cours des études qu'il y fit, la sûreté de son jugement et la haute portée de son intelligence étaient si universellement reconnues que ses camarades, s'inclinant devant sa supériorité, ne l'appelaient que Monsieur Taine et le prenaient pour juger lorsque s'élevaient entre eux quelques contestations.

A la sortie de l'Ecole normale, placé dans l'Université, il est sujet à des tracasseries nombreuses ; il donne sa démission de professeur, quitte la province et revient à Paris. Adepte du positivisme, partisan de la doctrine qui fait dépendre les sentiments de l'organisation et du système nerveux, il suit assidûment, durant trois années, les cours du Muséum et de l'Académie de Médecine.

A titre d'écrivain, il débute dans la *Revue de l'Instruction publique* et ne tarde pas à avoir sa place marquée à la *Revue des Deux-Mondes* et au *Journal des Débats*. En 1854, paraît son premier ouvrage de longue haleine : *Tite-Live,* couronné par l'Académie française. Puis c'est une suite ininterrompue de travaux où les chefs-d'œuvre succèdent aux chefs-d'œuvre ; parmi ceux-ci nous signalerons, dans leur ordre chronologique : 1855, *Voyage aux eaux des Pyrénées,* où l'on découvre le poète riche d'animation, l'habile peintre des paysages, le profond observateur et le conteur aimable et enjoué ; 1856, *Philosophes français au XIXᵉ siècle*, où toutes les doctrines philosophiques régnantes furent successivement immolées sur l'autel du bon sens avec l'arme

LE BUSTE DE H. TAINE, A VOUZIERS

du ridicule ; 1857, *Vie et Opinions de Thomas Graindorge*, critique humoristique de la société parisienne ; 1863, *Ecrivains actuels de l'Angleterre*, modèle de fine observation, d'érudition élégante, soutenu par un rare mérite de style. En 1864, paraît une œuvre capitale : l'*Histoire de la Littérature anglaise*, vaste trésor de connaissances solides et de jugements remarquables. L'année 1870 voit paraître l'*Intelligence*, le livre de Taine philosophe. Enfin, de 1871 à 1873, il prépare ses *Origines de la France contemporaine,* travail colossal dans lequel il ne craint pas de juger sévèrement le régime jacobin ainsi que Napoléon Ier.

En 1878, Taine entrait à l'Académie française ; il meurt en 1893, demande des funérailles protestantes et laisse le souvenir d'un écrivain au style imagé, vif, rapide et d'un penseur de premier ordre. On reproche à Taine d'avoir oublié Vouziers, sa ville natale ; par contre celle-ci ne l'oublia pas, car en 1905, le 24 septembre, le buste du philosophe y fut solennellement inauguré, sous la présidence de M. Dujardin-Beaumetz, alors sous-secrétaire d'Etat aux Beaux-Arts.

CHAPITRE XXXI

Casimir Bonjour.

Casimir Bonjour naquit à Clermont-en-Argonne, en 1795. Il était le fils d'un sous-officier de gendarmerie qui vint dans la suite habiter la ville de Reims. L'intelligence de Casimir Bonjour fut remarquée par un ami de la famille ; celui-ci fit entrer l'enfant au Collège de l'antique cité rémoise. L'écolier profita amplement de l'instruction dont il bénéficia ainsi gratuitement. A la fin de son année de rhétorique, ses succès lui valurent, à la distribution des prix et suivant un usage consacré, la dignité d'Apollon. Le dieu d'un jour, revêtu du costume mythologique, distribua des couronnes universitaires, et pour clore la solennité, ʾadressa à ses condisciples, les jeunes lauréats, un discours très remarqué, dit-on. Plus tard, Casimir Bonjour n'oublia pas l'établissement où il avait fait ses premières études ; il créa au Collège des Bons-Enfants, devenu aujourd'hui Lycée de Reims, un prix et une bourse, cette dernière en faveur d'un élève peu fortuné qui se destine à l'École normale supérieure.

A dix-huit ans, Casimir Bonjour entre d'ailleurs à l'Ecole normale où il se distingue particulièrement comme helleniste. Sorti de l'établissement, après avoir enseigné quelques mois en province, il revint à Paris

et fut attaché à l'institution Muison où il dirigea
spécialement les études du jeune de Morny. Casimir
fut nommé ensuite professeur suppléant de rhétorique au lycée Louïs-le-Grand. En 1815, il abandonna
l'enseignement pour la carrière administrative.

Placé par M. d'Argout dans les bureaux du ministère des finances, il se mit à cultiver le théâtre. D'après
le *Dictionnaire Larousse,* trois succès à la Comédie
Française marquèrent son début dans la vie dramatique : la *Mère rivale,* 1821 ; l'*Education* ou les *Deux
Cousines,* 1823 et le *Mari à bonne fortune,* 1824. Mais
ces succès firent perdre au poète son emploi. M. de
Villèle trouva « qu'il avait trop d'esprit pour travailler
dans les bureaux ». La Biographie Didot ajoute « que
la disgrâce de Casimir Bonjour fut interprétée comme
la punition de deux vers d'un de ses ouvrages, où l'on
affecta de voir une allusion blessante pour une fortune
financière de l'époque, dont l'origine était enveloppée
d'une obscurité fâcheuse ». Voici ces vers :

> Il économisa cent mille francs de rente
> Sur ses appointements, qui n'étaient que de trente.

Casimir Bonjour accepta, dans la suite, une modeste
pension sur la liste civile de Charles X. S'étant éloigné
presque complètement du théâtre, il devint un des
collaborateurs du *Constitutionnel.* Son ambition était
d'arriver à l'Académie; la première fois, il ne lui man-
qua qu'une voix pour être élu. Depuis, ses chances
diminuèrent de plus en plus, si bien qu'il lui fallut
renoncer à l'espoir d'atteindre jamais au fauteuil.

Les qualités de Casimir Bonjour étaient la vérité

dans les caractères, la facilité élégante de la versifi-
cation et surtout l'intention morale, habilement
déguisée sous l'agrément de la forme. Casimir Bonjour
composait à son heure, mûrissait son idée et la
retouchait sans cesse. Il songeait plus, en un mot, à
sa réputation littéraire qu'à sa fortune. Voici la liste
de ses principales œuvres outre celles indiquées
plus haut : le *Protecteur et le Mari*, 1829 ; l'*Epreuve
électorale*, 1831, pièce politique froide et de peu
d'intérêt ; le *Presbytère*, 1833 ; le *Malheur du riche
et le Bonheur du pauvre*, 1836, roman de mœurs ; les
Hautes Etudes, 1844, pièce remarquable au point de
vue du sujet et des caractères.

En général, les nombreuses productions de Casimir
Bonjour se distinguent moins par le mouvement
dramatique et la force comique, que par l'esprit, la
finesse et la grâce. Il n'est pas inutile d'ajouter que
ses pièces sont toujours honnêtes et que :

« La mère, sans danger, y conduira sa fille ».

La petite ville de Clermont-en-Argonne a honoré
la mémoire du poète en donnant son nom à une rue
principale du bourg. La rue Casimir-Bonjour est très
connue des touristes, car c'est elle qui conduit à
l'église de Clermont, monument du xve siècle dont
l'intérêt architectural fait l'admiration des connais-
seurs.

CHAPITRE XXXII

Lemaire.

Nicolas-Eloi Lemaire, né à Triaucourt, le 2 décembre 1767, était le fils de modestes laboureurs, Jean-Léopold Lemaire et Anne-Antoinette Joyeux. Originaire de la campagne, habitué aux travaux des champs, aîné d'une nombreuse famille, il était appelé à suivre la profession paternelle. Mais sa vive intelligence ayant été remarquée, on conseilla à son père de lui faire continuer ses études. Lemaire passa successivement dans les collèges de Sainte-Ménehould, de Sainte-Barbe et dans celui du Plessis, à Paris ; ses rapides progrès lui valurent le bénéfice de la pension, gratuite et, en 1787, il remporta le prix d'honneur au concours général de l'Université.

Lorsqu'il revint en vacances, il fut reçu et fêté par la municipalité de Sainte-Ménehould. Un accueil plus chaleureux encore l'attendait dans son village et, le lendemain, les officiers de justice le conduisaient de la maison paternelle à l'Hôtel de Ville, où il fut complimenté dans les termes les plus élogieux. Déjà, dans l'esprit du peuple, les qualités de l'intelligence l'emportaient sur les privilèges de la naissance.

Peu d'années après, Lemaire fut reçu agrégé de l'Université et obtint la chaire de rhétorique au collège du cardinal Lemoine. En 1793, pour acquérir un

certificat de civisme, il tint tête à Hanriot, commandant de Paris. Son énergie lui valut d'être nommé
Président de la Section des Sans-Culottes et, en cette
qualité, il contribua à sauver nombre de personnes,
professeurs, savants, habitants de la Meuse, ses
compatriotes. Comme juge suppléant au Tribunal
civil, il s'attira la colère de Coffinhal ; la haine de

Cliché Martinel.

FONTAINE LEMAIRE

ce dernier, jointe à celle de Hanriot, faillit le perdre, lui et sa femme. Il fut promu juge au même tribunal en 1795 ; sa fermeté et son activité attirèrent alors sur lui l'attention des Conseils et du Gouvernement : il fut proposé pour le Ministère de l'Intérieur. Le 18 brumaire changea la face des affaires ; les regrets que Lemaire avait exprimés au sujet du Coup d'Etat le mirent en suspicion auprès de Bonaparte. Il s'exila quelque temps dans le Piémont, réuni à la France depuis 1803 ; il aida le général Menou dans l'organisation administrative de ce pays. C'est pendant son séjour en Italie, et en visitant la patrie des Pline, qu'il eut l'idée de publier les *Classiques latins*. Il revint à Paris vers la fin de l'année 1803.

Elu membre du Conseil général de la Meuse, il devint Président de cette Assemblée. Après quatre années consécutives, il s'excusa de ne pouvoir conserver ces fonctions, et il se retira, non sans emporter l'estime de ses collègues.

De retour dans la capitale, il vécut dans la société des hommes célèbres avec lesquels ses études, ses fonctions et ses voyages l'avaient mis en rapport. Il suppléa quelque temps Delille dans la chaire de poésie latine au collège de France et s'y fit remarquer par son esprit brillant et élevé, 1810. Le 25 décembre de la même année, il fut nommé professeur à la Faculté des Lettres de Paris. En 1812, Lemaire fut cruellement frappé dans ses affections paternelles par la perte de son fils unique. S'éloignant alors du monde, il se renferma dans le silence des travaux littéraires ; le professeur fut moins brillant, mais le savant gagna en maturité.

A la première Restauration, considéré comme suspect, il revint dans la Meuse, où il fut encore une fois nommé Président du Conseil général. Il songea un instant à la députation ; mais ennemi des intrigues auxquelles il aurait pu être mêlé, il changea d'idée et consacra désormais tout son temps à son œuvre capitale, l'édition des *Classiques latins,* 1817. Il dirigea cette entreprise avec une infatigable ardeur, s'assurant le concours de collaborateurs distingués, traitant avec les imprimeurs et donnant à tout le travail une impulsion puissante. Après quinze ans d'un travail opiniâtre, il touchait au terme de ses efforts quand il fut emporté par une épidémie de choléra, 3 octobre 1832. Son neveu, *Pierre-Auguste Lemaire,* à qui on doit cette biographie, avait collaboré à l'œuvre sous la direction de son oncle ; il se chargea d'y mettre la dernière main et d'achever la publication.

CHAPITRE XXXIII

Buache.

Au nord de Sainte-Ménehould, sur les capricieux
méandres de l'Aisne est coquettement bâti le bourg
de la Neuville-au-Pont, dominé par le coteau de Côte-
à-Vignes, du haut duquel la vue s'étend jusque
la forêt d'Argonne ; la Neuville-au-Pont se recommande, non seulement par la beauté de cette situation,
mais encore par l'activité de ses habitants dont plusieurs méritent d'être signalés au nombre des grands
hommes argonnais.

Jean-Nicolas Buache est de ceux-là. Né en 1741,
il fut appelé de bonne heure à Paris par son oncle
Philippe Buache. Celui-ci était géographe du roi
Louis XV et membre de l'Académie des sciences,
il avait publié un atlas physique en 1754 et ensuite de
nombreux mémoires géographiques dans le recueil
de l'Académie.

Jean-Nicolas Buache aida d'abord son parent en
préparant les leçons de géographie que celui-ci
donnait aux trois fils de France ; Jean reçut comme
récompense de Louis XV, pour ce motif, une pension
de 500 livres.

Après la mort de son oncle, il fut attaché au dépôt
des cartes de la guerre. Plus tard, Jean-Nicolas
Buache est nommé successivement : membre de

l'Académie des sciences, 1770 ; premier géographe du roi, ingénieur géographe en chef, conservateur des cartes de la marine et du bureau des longitudes, tous titres qui témoignaient de son grand savoir. En 1788, sous le règne de Louis XVI, il fut chargé de dresser les cartes des bailliages, mais il dut renoncer à ce travail qu'il lui était impossible de mener à bien pour la date très proche, 1788, de la réunion des États généraux.

Pendant une partie de la période révolutionnaire, de 1792 à 1794, Buache professa la géographie à l'École normale après quoi il resta attaché au dépôt de la marine jusqu'à sa mort.

Il a laissé un assez grand nombre de rapports et notamment un travail sur les Arsacides qui le fit entrer à l'Institut. Il a également publié un *Traité de géographie élémentaire ancienne et moderne*, dans lequel le savant mit à la portée des profanes les notions les plus importantes de la science géographique.

CHAPITRE XXXIV

UN HYDROGRAPHE ARGONNAIS

Beautemps-Beaupré.

Beautemps-Beaupré, écrit M. *l'abbé Buache*, naquit dans le joli village de la Neuville-au-Pont, le 6 août 1766 ; comme tous les jeunes enfants d'ouvriers, il reçut à peine quelques notions d'écriture et de lecture, occupa plutôt son temps en jeux champêtres, ses parents n'ayant pour lui, comme ambition, que d'en faire plus tard un vigneron, un cultivateur, ou même un tailleur de pierre, profession particulièrement en honneur dans le bourg.

La destinée en décida autrement. Jean-Nicolas Buache, son cousin, dont nous venons de parler, appela Beautemps-Beaupré, alors âgé de dix ans, dans la capitale et l'employa comme petit commis dans son magasin ; le jeune apprenti tomba en pays inconnu ; livres, cartes, plans, boussoles, encombrent les rayons ; il se familiarise avec tout, passe ses loisirs à étudier la géographie et finit après un laps de temps relativement court à connaître assez de science pour satisfaire aux demandes de renseignements des nombreux clients de la librairie.

En 1791, le gouvernement organisa une expédition afin de rechercher l'infortuné navigateur La Pérouse, dont on n'avait plus de nouvelles depuis 1788 ; cette expédition fut placée sous les ordres du vice-amiral

Bruny-d'Entrecasteaux. Beautemps-Beaupré qui avait acquis le goût des voyages fut agréé comme ingénieur hydrographe sur la « Recherche », navire où flottait le pavillon du vice-amiral. Le jeune ingénieur dressa les plans des contrées et des mers que l'on parcourut et en particulier des îles de Kermadec, des archipels de Santa-Cruz et de Salo-

Cliché Corbet.

BEAUTEMPS-BEAUPRÉ

mon, des côtes de la Nouvelle-Calédonie, de l'île Bougainville, des parties méridionales de la Nouvelle-Irlande et de la Nouvelle-Hanovre, des parties septentrionales de la Nouvelle-Bretagne, de la Louisiane, des îles de l'Amirauté, des côtes sud de la Nouvelle-Hollande et enfin d'une suite de canaux, de baies, de rades et de ports, qui ont valu à la France la gloire d'avoir, la première, ouvert le chemin de la vaste terre de Diémen que l'Angleterre découvrit ensuite grâce à des documents pris sur un officier français qui portait des cartes dressées par Beautemps.

Rentré à Paris le 31 août 1796, son concours est demandé par M. de Flemien pour terminer un travail colossal intitulé le « Neptune de la mer Baltique ». Beautemps-Beaupré, qui ne recule devant rien, accepte et mène à bien cette œuvre importante qui finit seulement en 1808. Entre temps, il exécute des travaux absolument indispensables à Napoléon Ier et reçoit des mains de l'empereur la récompense très enviée de la « Couronne de Fer ». Une autre satisfaction intime l'attendait : il est nommé, le 24 septembre 1810, membre de l'Institut, dans la section de géographie et de navigation, puis membre de la Société royale de Gœttingue.

Durant vingt-deux ans, il explore nos côtes occidentales et septentrionales, couronne sa carrière par ce travail immense, le « Nouveau Pilote français » qui lui vaut la croix de Grand Officier de la Légion d'honneur et qui lui fait donner par les Anglais son plus beau titre de gloire, celui de Père de l'Hydrographie.

En 1848, Beautemps-Beaupré prend sa retraite officielle, mais non le repos définitif ; il relate en effet et fait connaître des détails jusque-là inédits sur les multiples résultats de ses voyages.

Il s'éteint doucement à l'âge de 88 ans, le 16 mars 1854 ; ses obsèques sont des plus solennelles, Duperrey y retrace la vie de l'ingénieur qui fut, conclut-il, un savant d'une rare simplicité et d'une parfaite modestie.

CHAPITRE XXXV

UN ARCHITECTE ARGONNAIS

Rouyer.

Après le géographe et l'ingénieur-hydrographe, l'artiste ; Jean-Eugène Rouyer est en effet également né à la Neuville-au-Pont, en 1821. Doué d'heureuses dispositions pour le dessin, il entra à l'école nationale des Beaux-Arts en 1846, dans la section d'architecture ; grâce à sa persévérance et à ses facultés il eut l'honneur d'être deux fois logiste et d'être lauréat du prix Deschaumes.

L' « *Architecture* » fait, en ces termes, la biographie d'un de nos grands artistes régionaux :

Sorti de l'école, très érudit et excellent appréciateur des œuvres du passé, Rouyer se consacra d'abord à diverses publications artistiques des plus appréciées : l' « *Art architectural en France* », les « *Appartements privés de l'Impératrice aux Tuileries* », la « *Renaissance* », tous ouvrages de haut intérêt, très remarquables par le choix des documents et par la fidélité des reproductions gravées. Du reste, Rouyer aimait passionnément la vieille gravure française et son premier soin, lorsqu'il eut obtenu le prix spécial pour la construction de la mairie du Xe arrondissement de Paris, fut d'en faire sculpter la façade dans le sentiment des maîtres de la Renaissance, dont il s'était inspiré pour la composition de l'édifice.

Peu d'architectes ont pris part à un aussi grand nombre de concours publics. Dès 1864, il recevait la première prime pour la construction de l'Hôtel de la Préfecture, à Lille ; en 1873, il était classé second pour la reconstruction de l'Hôtel de Ville de Paris ; de même en 1879, pour l'Hôtel de Ville de Chauny et, en 1886, pour l'Hôtel de Ville de Suresnes ; il avait aussi envoyé un projet pour la Sorbonne, mais ce projet est resté inachevé.

Parmi les travaux exécutés sur les plans de Rouyer, on cite le petit Hôtel de Ville de la Neuville-au-Pont qui rehausse singulièrement l'aspect de la place communale du pays natal du distingué architecte ; puis viennent : d'abord l'Hôtel-Dieu de Château-Thierry et ensuite l'Hospice communal de Boulogne-sur-Mer, construit à la suite d'un concours qui eut lieu en 1877. La mairie du X⁰ arrondissement, une des plus belles constructions du Paris moderne, une des œuvres d'architecture qui, de nos jours, ont été la plus goûtée du public, fut le chef-d'œuvre de Rouyer ; on peut dire qu'il y consacra plusieurs années de sa vie, sans trêve ni relâche, ne négligeant aucun détail, si minime fût-il. Cette œuvre lui valut la croix de Chevalier de la Légion d'honneur, distinction on ne peut mieux méritée.

D'ailleurs les récompenses ne lui manquaient pas : il avait été médaillé aux Salons de 1869 et de 1870 ; la Société centrale des architectes français lui avait décerné sa médaille d'archéologie en 1871 ; en outre, sa compétence en matière d'art l'avait fait élire plusieurs fois membre du jury du Salon.

L'architecture française a fait une perte des plus sensibles à la mort d'Eugène Rouyer ; en plus de l'artiste, on conserve de lui le souvenir d'un homme aimable et bon, doué d'une intégrité parfaite et d'une rare sûreté de relations.

CHAPITRE XXXVI

Le Général Dorlodot des Essarts et ses Fils.

Quand l'industrie du verre périclita dans la « Vallée », les gentilshommes verriers embrassèrent pour la plupart le métier des armes et s'y distinguèrent par leur valeur et par leur courage. La Harazée, La Chalade, Le Neufour, donnèrent ainsi des officiers remarquables à l'armée française.

Parmi ceux-ci, nous nous plaisons à signaler, à côté des de Bonnay de Breuille et des dè Bonnay de Belvaux, le général Charles-François Dorlodot des Essarts et ses deux fils.

Charles-François Dorlodot des Essarts ou plutôt d'Essart, d'après M. *l'abbé Gillaut*, naquit au Neufour, le 11 août 1786. Son père, Charles-François Dorlodot, écuyer, sieur d'Essart et sa mère de Bigault d'Aubréville, habitèrent successivement divers hameaux de la « Vallée » avant de se fixer dans ce dernier village bâti en amphithéâtre sur la rive droite de la Biesme. Le futur officier était le dixième de la famille.

Il s'engagea en 1803, à dix-sept ans, dans l'arme du génie ; deux ans après, en 1809, il était lieutenant. Il fut promu capitaine en 1813. Le 22 avril 1846, des Essarts devient général de brigade et huit ans après, en 1854, il prend sa retraite à Eaubonne, dans le département de Seine-et-Oise, il était alors commandeur de la Légion d'honneur, chevalier de Saint-Louis et de l'Ordre de Charles III d'Espagne.

Le général des Essarts avait épousé Mlle Darance de Navaro. De cette union naquirent trois filles et deux fils. Ces derniers suivirent l'exemple de leur père. L'aîné, Théodore, né à Saulieu le 2 avril 1827, fit les campagnes de Crimée et d'Italie. En 1870, il était à Metz comme chef d'escadron et fut emmené prisonnier en Allemagne. Devenu général de brigade en 1880, il est promu divisionnaire en 1887. Nommé ensuite gouverneur de Belfort, il y reste jusqu'en 1892. A cette époque, il prend sa retraite, se retire à Corbigny (Nièvre) et y meurt sans postérité le 4 janvier 1895.

Le second, Frédéric, né en 1832, entre à l'école navale dès l'âge de 16 ans. Plus tard, devenu officier de marine, il assiste au siège de Bourmarsund, puis à celui de Sébastopol; il n'avait alors que 22 ans. Dans la suite, il occupa le poste de gouverneur de Taïti. En retraite, avec le grade de vice-amiral, pour raison de santé dès 1878, il mourut à Paris en 1901, commandeur de la Légion d'honneur.

CHAPITRE XXXVII

UN HÉROS ARGONNAIS

Le Général Mayran.

Le général Mayran n'est pas un enfant de l'Argonne, mais il a adopté cette région par son mariage avec Mlle de Chamisso ; il s'y est installé en achetant la propriété du bois d'Epense, dans un des sites les plus agrestes de la rustique vallée de la Biesme ; son tempérament d'artiste l'avait attiré vers un endroit dont il aimait tant la beauté des sites, et puis sa dépouille mortelle repose en plein pays argonnais ; son fils, enfin, le colonel Mayran, habite toujours le bois d'Epense ; toutes ces raisons nous paraissent de suffisante valeur pour que nous puissions qualifier le général Mayran de soldat de l'Argonne.

Joseph-Décius-Nicolas Mayran, d'après le « *Mémorial historique* », vit le jour à Saint-Domingue, le 19 janvier 1802 ; son père qui commandait l'artillerie de l'île mourut le 13 février 1802 en luttant contre l'insurgé Toussaint-Louverture. Mme Mayran, devenue veuve, retourna en France, afin de mettre ses deux fils sous la protection du gouvernement ; après bien des démarches, le Prytanée de La Flèche est ouvert à ses enfants ; Décius avait alors 7 ans. A partir de ce jour, sa vie devient publique, elle est réglée par le tambour, au son duquel il doit tomber pour mourir.

Il sort de Saint-Cyr en 1821, avec le grade de sous-
lieutenant. Il prit part, en 1823 et en 1824, aux campagnes d'Espagne comme garde de 3ᵉ classe ; le licen-
ciement de la maison militaire du roi Charles X le
replaça dans les rangs de simples citoyens ; ce repos
ne lui plaît pas et il finit par être rendu à l'armée ;

LE GÉNÉRAL MAYRAN

en 1831 et 1832, sa bravoure et son activité en Bel-
gique lui valent le grade de capitaine.

Nommé adjudant-major au 1ᵉʳ bataillon de la légion
étrangère le 27 avril 1836, il y devint un officier infatigable, plein d'expérience et de courage ; au siège
de Constantine, Mayran est cité au rapport pour sa
conduite, payée par un coup de feu au bras droit,
désormais paralysé ; le 11 novembre 1837, le gouvernement lui confère la croix de chevalier de la Légion

d'honneur. Chef de bataillon au 61e de ligne le 21 juin 1840, il fut appelé le 30 mai 1841 au commandement du 1er bataillon de chasseurs à pied, après son retour en France ; Mayran, chef de corps, révèle dès lors toutes les facultés d'un esprit profondément organisateur.

Successivement lieutenant-colonel du 60e et du 5e de ligne, il fit les campagnes de 1845, 1846 et 1847 en Afrique. C'est alors que le général de Caroudelet écrit de lui : « Mayran, qui n'était encore que lieutenant-colonel, a exercé le commandement supérieur du cercle de Tlemcen de telle façon qu'on peut dire que son administration, probe et loyale autant que ferme et éclairée, n'est pas le moins glorieux de ses titres à la reconnaissance de la France ».

Colonel du 58e de ligne, le 22 avril 1847, il obtint la croix d'officier de la Légion d'honneur, le 7 juin 1850. Nommé général de brigade le 22 décembre 1851, il commande successivement les subdivisions militaires de la Vaucluse et de la Meuse ; c'est vers cette époque, le 18 mai 1852, qu'il épouse Mlle Camille de Chamisso.

En 1854, Mayran est nommé spontanément au commandement du corps d'occupation de la Grèce, où son caractère ferme et bienveillant atteignit complètement le but qu'on se proposait. Le 9 août 1854, le général est élevé au rang de commandeur de la Légion d'honneur. En octobre, il est à Constantinople, puis en Crimée, où sa brigade devient la 1re de la 6e division. Il touche au faîte de sa carrière : général de division le 10 janvier 1855, il succède au prince Napoléon dans le commandement de la

3e division de l'armée d'Orient. La Tauride voit se renouveler d'une et d'autre part les sacrifices d'hé-catombes humaines. Mayran doit aussi périr ! Au combat du 7 juin, il ordonne une brillante charge à la baïonnette, et, à la tête de sa division, il s'empare des ouvrages blancs du carénage ; mais dix jours après, le 18 juin, dans l'attaque contre la tour Malakoff, le général reçoit une blessure fatale : il tombe, frappé au-dessus du cœur par un biscaïen de grappe marine ; il avait deux côtes cassées et le poumon gauche enfoncé ; il veut mourir au milieu de sa division ; on l'emporte malgré lui et il expire le 22 juin 1855 après quatre jours d'horribles souffrances. Suivant ses dernières volontés son cœur fut reporté en France, à sa famille, dans le château du Bois d'Epense.

Mayran meurt âgé seulement de 53 ans; son souvenir a mérité d'être gravé dans les Annales militaires d'une généreuse nation ; ses actes furent des exemples, et dans les relations privées et dans les hasards de la vie guerrière ; à l'énergie du soldat, il alliait le sens moral du philosophe pratique ; à la bonté du camarade ou du supérieur, la délicatesse de l'artiste.

CHAPITRE XXXVIII

UNE HÉROINE BRETONNE ARGONNAISE

Le Sous-Lieutenant « Veuve Brulon »

De même que nous avons cité le général Mayran comme enfant d'adoption de l'Argonne, de même nous nous reprocherions de ne pas donner la biographie parue dans le *Petit Parisien,* sous la signature de M. Henri Petitjean, d'un héros féminin, Mme veuve Brulon, née Angélique Duchemin, de Dinan (Côtes-du-Nord), qui devint Argonnaise de par son mariage, en 1789, avec le caporal André Brulon, natif de La Neuville-au-Pont. Celui-ci, beau et solide gas, autant que brave et hardi, fut tué à Ajaccio, deux ans après son mariage, laissant une veuve éplorée et un enfant tout à fait en bas âge.

Mme veuve Brulon prit aussitôt une résolution extraordinaire. Le lendemain même des obsèques de son mari, habillée en soldat, elle se présenta au capitaine de feu son époux en lui disant : « Je viens remplacer mon homme, vous n'aurez pas de soldat plus fidèle et plus soumis. » On la crut folle, mais on ne voulut pas contrarier ce que l'on prenait pour une manie passagère. On la laissa agir à sa guise. Elle prit aussitôt place dans le rang. Dès lors, la veuve Brulon se signala par son héroïque bravoure. Ce texte, de ses états de service, emprunté aux registres matricules et aux pièces déposées au Ministère de la Guerre, constitue à ce sujet, dans son laconisme même, le plus éloquent des documents :

« Campagnes, 1792, 1793 et 1794, Corse. — 1795, armée d'Italie.

Blessures : coup de sabre au bras droit et coup de stylet au bras gauche, à l'affaire du fort de Gesco, le 24 mai 1794.

Eclat de bombe à la jambe gauche, au siège de Calvi, en 1794.

Actions d'éclat : à l'affaire de Lumio (Corse), commandant un poste avancé de 22 hommes, Angélique-Marie-Josèphe Duchemin, veuve Brulon, fit une défense héroïque.

Quoique blessée, le 24 mai 1794, au fort Gesco, elle partit, à minuit, pour Calvi, à travers les assaillants. Par son zèle et son courage, elle fit lever et chargea de munitions une soixantaine de femmes, *faute d'hommes*. Elle parvint à les amener jusqu'aux défenseurs du fort Gesco, ce qui permit de conserver ce dernier et de repousser les Anglais.

A donné, dans les occasions les plus périlleuses, des preuves d'intrépidité et de dévouement pendant le siège de Calvi, notamment dans une sortie où elle fit le coup de feu avec les tirailleurs, s'avançant toujours pour tirer de plus près, bien qu'une balle eut traversé son bonnet de police, et aussi à la défense d'un bastion où, faisant fonction de sergent, elle manœuvrait une pièce de siège.

A sauvé la vie au capitaine — devenu général — de Vedel, menacé dans une rixe en ville, en se précipitant dans la foule et en désarmant un Corse prêt à le frapper ».

Obligée de quitter l'armée, à cause de ses blessures, après la campagne d'Italie, la veuve Brulon fut admise aux Invalides avec le grade de sergent, après avoir été réformée avec solde provisoire. Elle n'avait alors que 26 ans, sa fille en avait 9. On l'occupa comme garde-magasin. Son passé, son exemplaire conduite attirèrent sur sa personne la bienveillante attention des divers gouverneurs. Le 2 octobre 1822, le roi Louis XVIII lui conféra le grade de sous-lieutenant honoraire, sur la proposition du général de Latour-Maubourg. Plus tard, le 15 août 1851, le prince Napoléon la décora de la Légion d'honneur. Enfin, le 4 octobre 1857, elle reçut la médaille de Sainte-Hélène.

La veuve Brulon avait l'aspect, écrit Albert Blanquet, qui la visita aux Invalides, dans les dernières années de sa vie, « d'un petit vieillard au visage doux et souriant, aux yeux vifs, à la main prompte et franche, mais certaine particularité ne laissait guère douter de son sexe : le vieux sous-lieutenant tricotait ! »

Elle s'est éteinte en 1859, à l'âge de 87 ans et 6 mois, faisant un vide de plus, sous la coupole dorée, parmi les vieux braves et les héroïques survivants d'une époque glorieuse où s'illustra dans le monde entier le fier drapeau de la France.

CHAPITRE XXXIX

UN SAVANT ARGONNAIS

Dom Pérignon.

Dom Pérignon naquit en 1638, à Sainte-Ménehould.
Il entra très jeune au monastère de Saint-Benoit.
C'est en 1668 qu'il arriva à l'abbaye d'Hautvillers.
Doué d'une haute intelligence, en rapport incessant
avec les vignerons et les sommeliers, il lui fut
possible d'étudier les récoltes de la communauté
et les vignes qui les produisaient. Avant son arrivée
on ne savait pas faire de vin blanc. En 1699, il
devint prieur de Saint-Nizard. Sous son habile
direction, les vins devinrent bientôt une des principales ressources du monastère. C'est par la plantation judicieuse des cépages, l'époque convenable des
vendanges et le choix parfait des raisins, qu'il
parvint à obtenir des vins d'une qualité supérieure.

Les produits de l'abbaye d'Hautvillers furent très
recherchés pendant longtemps sous le nom de vin de
Pérignon, car l'abbé excellait dans l'art de gou-
verner et de marier les crus. C'est lui qui trouva le
moyen d'obtenir avec des raisins noirs un liquide blanc
mousseux remarquable par sa plus vive limpidité.
Ce secret, qu'on ignore encore, ne l'obligeait

pas à extraire le dépôt qui se forme de nos jours dans les bouteilles et qui oblige à les dépoter ou, pour mieux dire, à les faire dégorger avant d'y introduire la liqueur.

Dom Pérignon fut amené à fabriquer du champagne mousseux en constatant que le vin blanc pétille lorsqu'il est mis en flacon depuis la récolte jusqu'en mai, que celui de montagne encore vert et doux ne peut être mis en bouteilles qu'à la sève d'août, parce qu'il mousse alors davantage; que, lorsqu'on veut avoir du vin qui ne fermente pas, il faut le mettre en flacon après la récolte, c'est-à-dire en octobre et en novembre. C'est lui qui employa le premier, le liège, pour boucher les bouteilles et qui inventa le verre svelte et léger pour voir la danse gracieuse des atomes de gaz. La découverte de Dom Pérignon eut d'incalculables avantages pour les communes qui se livrèrent à la fabrication du vin.

Devenu aveugle vers la fin de ses jours, Dom Pérignon avait néanmoins conservé son exquise finesse de goût. Après avoir dégusté les raisins des vignobles de l'abbaye, il indiquait leur provenance et jamais il ne se trompait. Aussi le célèbre prieur jouissait-il d'une grande renommée; en récompense de ses talents, son nom fut inscrit sur la plus grosse des huit cloches que le supérieur, Gaston de Noailles, acheta en 1706 pour l'abbaye d'Hautvillers.

Dom Pérignon mourut en 1715, à l'âge de 77 ans. Son corps repose dans la partie haute de l'ancienne église abbatiale. On lit sur la pierre tombale noire, les lignes suivantes :

D. O. M.

Hic jacet dom Petrus Perignon hujus m̄arii per annos quadraginta septem cellarius qui refamiliari summa cum laude administrata virtutibus plenus paternoque imprimis in pauperes amore obiit œtatis 77ᵉ anno 1715.

Traduction :

Ici repose Dom Pierre Pérignon, pendant 47 ans cellerier de ce monastère, qui après avoir administré les biens de notre Communauté avec un soin digne de tout éloge, plein de vertu et en première ligne d'un amour paternel envers les pauvres, décéda dans la 77ᵉ année de son âge, l'an 1715.

CHAPITRE XL

UN PHILANTHROPE ARGONNAIS

Géraudel.

Auguste-Arthur Géraudel, ancien pharmacien à Sainte-Ménehould, est un exemple frappant de ce que peut donner la persévérance dans le travail. Né au centre même de la forêt d'Argonne, au charmant hameau de Bellefontaine, écart de la commune de Fûteau, il fréquenta jusque douze ans l'école du chef-lieu, faisant allègrement chaque jour, par un étroit chemin boisé, les huit kilomètres qui séparaient l'école de la maison paternelle. Ensuite, il entra au collège de Sainte-Ménehould dont il fut un excellent élève.

De famille peu fortunée, il dut terminer ses études deux ans après et il entra comme garçon de laboratoire, chez un pharmacien de la ville. Vers l'âge de dix-huit ans, il quitta Sainte-Ménehould pour Metz, et là, ses laborieuses journées finies, il complétait peu à peu, par un travail acharné, son instruction trop rudimentaire, ce qui lui permit de subir avec succès son examen de grammaire. En 1863, la capitale l'attire et on le voit à Paris comme premier élève du savant Duroy ; l'année suivante, il se fait recevoir interne des hôpitaux et passe quatre ans, tant à la Salpêtrière qu'à Saint-Antoine. Durant cet internat, il reçoit de M. Duruy, alors Ministre de l'Instruction publique, une lettre de félicitation, pour son admirable dévouement pendant l'épidémie de choléra qui sévit en 1865.

Afin de conquérir le grade de pharmacien de 1re classe, le baccalauréat est nécessaire à Géraudel ; il se livre à de nouvelles et patientes études qui sont couronnées de succès en 1869 par l'obtention du parchemin et du titre.

M. GÉRAUDEL

Il ne tarda pas à revenir à Sainte-Ménehould reprendre l'officine de son premier patron. Arrivé là, il dut à son amour filial la découverte importante qui l'a rendu célèbre dans le monde entier. Depuis longtemps, sa mère, qui avait exercé la dure et dévouée profession de sage-femme rurale à Belle-fontaine, souffrait d'un catharre des bronches avec asthme humide ; le goudron était alors le meilleur remède connu pour cette affection. Malheureusement la malade avait une répugnance invincible pour cette médication. Géraudel rechercha les moyens d'enlever au goudron les principes qui le rendaient nuisibles et les moyens de le faire entrer sans dégoût dans les voies respiratoires.

Le jeune homme finit par découvrir ce qu'il cherchait et prépara les pastilles qui depuis lors ont porté son nom et l'ont rendu si populaire ; Géraudel était récompensé ; outre la satisfaction intime d'avoir guéri sa mère, il acquit en même temps réputation et fortune.

Débarrassé des soucis matériels de l'existence, Géraudel voulut ensuite agir en philanthrope. Tout d'abord, expose la *Revue de la Marne*, il dota la ville de Sainte-Ménehould d'une industrie nouvelle en faisant construire l'usine modèle qui occupe actuellement une cinquantaine d'ouvriers et d'ouvrières dont l'existence est assurée dans une localité où les emplois bien rémunérés sont rares. Ensuite, il apporta un concours incessant à toutes sortes d'œuvres humanitaires et instructives : Sociétés de secours mutuels, Bureau de bienfaisance, Croix rouge, Commission des logements, Bibliothèque locale, Délégation cantonale, dont il fut toujours un protecteur généreux et un conseiller écouté et respecté.

Lorsqu'il eut rempli une si belle carrière, il voulut passer ses dernières années au milieu des paysages verdoyants des vallons argonnais. A cet effet, il aménagea et embellit, à proximité de Sainte-Ménehould, le magnifique parc de l'Alléval. Ce bois, ouvert à tous, faisaient les délices de ceux qui s'y rendaient pour respirer l'air pur de la forêt. Géraudel est mort en 1906 ; mais dans ses dernières volontés, d'ailleurs fidèlement exécutées, il n'a pas voulu priver ses compatriotes d'un endroit où l'art ne le cède qu'au confort et dans lequel, en se promenant à l'ombre des futaies, l'on redira toujours, en parlant du donateur : « C'était un homme de bien et un grand cœur, doublé d'un savant et d'un philanthrope. ».

SEPTIÈME PARTIE

—

L'HISTOIRE

Le « *Pays d'Argonne* » par lui-même a peu d'histoire attendu qu'il n'a pas formé une division administrative distincte, mais qu'au contraire il est resté rattaché aux petits ou grands états voisins. A l'époque primitive, c'était une des forêts profondes de la Gaule ; plus tard il devint une « marche » ou pays de frontière entre la Champagne et le Verdunois.

Cette « marche » appartint d'abord aux trois diocèses de Châlons, Reims et Verdun. Avec le temps, elle devint comté d'Argonne, toujours tributaire des trois diocèses précités, avec comme chef-lieu Sainte-Ménehould et comprenant partie des pays de Clermontois, d'Asténois, de Dormois et de Rethélois ; on y remarquait alors les célèbres abbayes de Beaulieu, La Chalade, Montfaucon et Moutier, dont il ne reste plus que des ruines.

De l'autorité ecclésiastique, l'Argonne passa ensuite entre les mains de l'autorité civile : le roi de France et le duc de Lorraine s'emparèrent chacun de la section de territoire argonnais rattachée à la frontière de leurs états respectifs. Puis lorsque les provinces vinrent à former les subdivisions principales du royaume français, la Champagne à l'ouest, le Barrois et la Lorraine à l'est, absorbèrent le « Pays d'Argonne ».

Et cela subsista jusqu'au jour où l'Assemblée nationale constituante décida que la France serait morcelée en départements. L'Argonne fut alors affectée par surfaces inégales aux Ardennes, à la Marne et à la Meuse et telle elle est restée jusqu'aujourd'hui.

Mais si l'Argonne a peu d'histoire locale proprement dite, elle a, par contre, été plusieurs fois au cours des siècles le théâtre d'événements historiques dont l'importance est tout-à-fait capitale : **Fuite et arrestation de Louis XVI** à l'époque de la grande tourmente révolutionnaire, **Bataille de Valmy**, grande victoire d'une nation libre contre des peuples asservis à l'absolutisme, **Massacre de Passavant**, triste souvenir de l'année terrible.

CHAPITRE XLI

1791

FUITE ET ARRESTATION DE LOUIS XVI

Lorsqu'elle eut franchi sans encombre Bondy, Meaux, La Ferté-sous-Jouarre, Montmirail et Châlons-sur-Marne, la berline de voyage dans laquelle étaient montés Louis XVI et sa famille, après un relai à Orbéval, arriva par Dommartin-la-Planchette dans la petite ville de Sainte-Ménehould.

A partir de ce moment, tout se précipite, le roi va être successivement reconnu, poursuivi, arrêté et reconduit dans la capitale. En moins de vingt-quatre heures, Sainte-Ménehould et Varennes seront témoins d'événements de première importance relatés d'ailleurs dans les registres des municipalités de ces deux villes, et dont nous donnons ici les extraits, conformes aux originaux. De cette façon, mieux que ne le ferait n'importe quelle narration, nous initierons le lecteur aux détails de la *reconnaissance* et de l'*arrestation* de Louis XVI. Voici d'abord le premier acte, la reconnaissance du roi à Sainte-Ménehould.

Du 21 juin

« Ce jourd'huy 8 heures derelevée, Nous, Maire (1) et officiers municipaux (2) de la ville de Sainte-Mé-

(1) Dupin.

(2) Deliège, Corvisier, Cottret, Macquart, Farcy, Le Maire, Florion, Deblée.

nehould, extraordinairement assemblés en l'hotel commun, à l'occasion d'un détachement de hussarts, entrés subitement le jour d'hier onze heures du matin en cette ville, par la porte des Bois, et qui, après avoir été logés aux frais de l'officier commandant, en seraient partis ce jourd'huy huit heures du matin, dirigeant sa routé sur Châlons.

« Information par nous préalablement prise, que la mission dudit officier avait pour objet d'aller au devant d'un trésor, qu'il était chargé de recevoir, au pont de Sommevelle, d'un détachement militaire, et de protéger, escorter et remettre ce jour même à la garde d'un détachement du 1ᵉʳ Régiment de Dragons, qu'il annonçait devoir arriver sous peu d'instants ; et encore au sujet dudit détachement de Dragons composé de trente hommes, qui seraient en effet entrés par la même porte des Bois une heure après le départ de celui des hussarts, et aurait logé de même aux frais de l'officier qui le commandait.

« Lequel détachement aurait inutilement attendu tout le jour le trésor qu'il devait recevoir jusqu'à sept heures de relevée ; qu'un carosse non autrement remarquable, précédé d'un cabriolet dans lequel étaient deux personnes du sexe, aurait néanmoins attiré l'attention de quelques particuliers, et principalement celle du sieur Drouet, maître de la poste aux chevaux (1), où ces deux voitures se seraient arrêtées pour relayer ; pendant lequel temps l'officier commandant le détachement de Dragons, aurait été

____

(1) Actuellement la Gendarmerie nationale.

remarqué parlant aux personnes qui étaient dans le
carosse et écartant les particuliers que la curiosité y
attirait, ainsi que quelques Dragons de son détachement. Lors du départ de laquelle voiture, serait

ANCIENNE MAISON DE POSTE (SAINTE-MÉNEHOULD)

accouru à toutes brides un desdits Dragons pour
l'accompagner : Lequel aurait lâché en même temps
un coup de pistolet, qui n'était vraisemblablement
que le signal du départ, mais qui aurait semblé aux
habitants à ce présent, un attentat à leur vie, tellement que le bruit qui s'en serait aussitôt répandu,
aurait excité un commencement d'inquiétudes, qui
serait bientôt devenue générale, en sorte que en peu

d'instans, le peuple serait venu en foule demander des armes à la Municipalité, pour être en défense contre les Dragons qui, disait-on, menaçaient les jours des citoyens. Ce qu'apprenant, nous aurions fait inviter l'officier en chef desdits Dragons de se rendre en cet Hôtel de Ville, où étant, nous lui aurions demandé son nom, et à nous exiber ses pouvoirs, ce qu'il aurait fait en nous déclarant qu'il se nommait d'Audouin, chevalier de l'Ordre de Saint-Louis, capitaine d'une compagnie du 1ᵉʳ régiment de Dragons, et il nous aurait ensuite remis les trois commissions dont il était porteur et dont copie est transcrite fin du présent procès-verbal.

« Nous aurions observé au sieur d'Audouin que le délai que les hussarts apportaient à revenir avec le trésor, que ceux-ci devaient confier aux Dragons, donnait lieu à notre inquiétude et à la fermentation du peuple ; qu'il était indispensable, qu'il nous déclarât à l'instant, s'il était vrai qu'il fut venu dans le seul dessein d'attendre ce trésor : à quoi il nous aurait répondu, qu'il n'avait pas d'autre mission.

« Cependant l'un de nous officiers municipaux, se serait transporté chez ledit sieur Drouet, maître de la poste aux chevaux, pour s'enquérir de ce qu'il aurait pu remarquer d'extraordinaire, dans la marche des voitures susdites, et il aurait trouvé ledit sieur Drouet fort occupé de cet objet, et se disposant à venir faire part de ses soupçons à la Municipalité. Demandant au surplus audit officier municipal, qu'il savait être à même de le satisfaire si le Roi n'avait pas le nez long, la vue courte, et le visage bourgeonné, ajoutant qu'il ne doutait pas que le carosse dont est question, ne conduisit sa Majesté avec la Reine, M. le Dauphin et Madame. A quoi ledit officier municipal aurait répondu, qu'il était vrai que

Cliché Laurent.

sa Majesté avait les organes de l'odorat et de la vue, tels qu'il les dépeignait, mais qu'il ne lui avait jamais connu le visage bourgeonné.

« Cet entretien se passant en présence de quelques habitans qui applaudissaient à l'idée du sieur Drouet; l'officier municipal serait revenu rendre compte de ce qu'il venait d'entendre. Bientôt il n'y aurait plus eu qu'une voix pour faire courir après les voitures et les arrêter ; et la municipalité aurait chargé de cette commission ledit sieur Drouet qui se serait fait accompagner du sieur Guillaume, employé dans les bureaux du Directoire du district de cette ville (1)..

. . . . »

Pendant ce temps, la voiture qui emportait les augustes voyageurs s'était éloignée, par la côte de Crèvecœur, dans la direction de la Grange-aux-Bois ; après avoir descendu sans accidents la pente rapide qui domine la vallée de la Biesme, elle traversa ensuite les Islettes et les fugitifs arrivèrent à Clermont. « Là, dit Victor Fournel, le relais se fait sans difficulté, la vue de la berline ne paraît exciter qu'un sentiment de curiosité de la part des bourgeois. » La voiture s'engagea ensuite sur la voie qui, par Neuvilly, en suivant le cours de l'Aire, va permettre de gagner plus rapidement Montmédy, but final du voyage, en traversant d'abord Varennes, puis plus tard, espère-t-on, Dun-sur-Meuse et Stenay.

Mais la destinée en avait décidé autrement ainsi que le constate ce procès-verbal de la mairie de Varennes rédigé spécialement pour être envoyé à l'Assemblée nationale.

27 juin 1791.

« . . . .

Le même jour 21, vers onze heures du soir, est

----

(1) Le reste de l'acte extrait des Registres de la municipalité de Sainte-Menehould est consacré au désarmement des dragons, à la réception d'un exprès de la Neuville-au-Pont, à la fermeture des issues de la ville et à la distribution d'armes et de munitions aux citoyens.

arrivé à l'auberge du Bras-d'Or, le sieur Drouet, maître de la poste aux chevaux de Sainte-Ménehould, accompagné du sieur Guillaume, habitant de la même ville, tous les deux en bidet, et qui sans respirer apprirent au sieur Leblanc, aubergiste, que deux voitures descendaient derrière eux et allaient passer sur le champ et qu'ils soupçonnaient que le roi était dans une. L'aubergiste, officier de la garde nationale, courut chez M. Sauce, procureur de la commune, qu'il fit lever aussitôt et lui redit ce qu'il venait d'apprendre. Il retourna ensuite chez lui, s'arma lui et son frère et prirent un poste.

Le procureur de la commune avertit l'officier municipal qui représente le maire, député à l'Assemblée nationale. Ayant rencontré le sieur Régnier, homme de loi, qui était également prévenu, il le pria d'aller vite avertir les autres officiers. Le procureur de la commune, rentré chez lui, fit lever ses enfants et leur dit de courir par les rues en criant au feu, afin de donner l'alarme. Il prit une lanterne et se porta au passage. Pendant cet instant, les sieurs Régnier et Drouet conduisirent une voiture chargée et barrèrent le passage du pont (1). Ce fut à ce moment que les voitures parurent ; les deux frères Leblanc avaient arrêté la première, qui était un cabriolet dans lequel étaient deux dames (2). Le procureur de la commune s'étant approché de cette voiture, demanda les passeports ; on lui répondit que c'était la seconde voiture qui les avait ; il s'y porta de suite.

(1) Sur l'Aire.
(2) Des femmes de chambre.

Cette voiture était extraordinairement chargée, attelée de six chevaux, avec des cavaliers sur les trois chevaux de main et trois personnes habillées en jaune assises sur le siège. Les deux frères Leblanc, réunis au sieur Coquillard, Justin George, Ponsin, tous trois gardes nationales, les nommés Thévenin des Islettes et Délion de Montfaucon, qui étaient logés à l'auberge du Bras-d'Or et armés, firent ferme et bonne contenance.

Le procureur de la commune s'approchant de la portière demanda aux personnes qui étaient dans cette voiture où elles allaient, et leva sa lanterne pour les distinguer. On lui répondit qu'on allait à Francfort. Il observa qu'on se dévoyait en apprenant que l'on venait de Clermont, qu'au surplus il fallait représenter les passeports. On lui demanda qu'elle était sa qualité et s'il était garde national ; il répondit qu'il était le procureur de la commune. Ayant fixé derechef ces personnes, il aperçut un homme, deux femmes et des enfants (1) ; s'arrêtant sur le premier, il crut se convaincre que s'était la personne du roi, qui aussitôt lui remit son passeport qu'il lut en présence du premier officier municipal, qui intervint à ce moment. Ce passeport, dont on ne peut donner copie, ayant été envoyé sur le champ au directoire du district de Clermont, était délivré à Mme la baronne de Korfs pour aller à Francfort avec sa famille, un valet de chambre et d'autres gens, signé Louis et contresigné Montmorin. Il représenta qu'il était trop

______

(1) Le roi, la reine, Mme Elisabeth, le dauphin et Madame royale.

tard pour viser ce passeport, que d'ailleurs il y avait
pour eux des risques à courir, non seulement pour
les passages très dangereux, mais par la rumeur qui

Cliché Martinet

LA TOUR DE L'HORLOGE (VARENNES)

avait lieu au moment, qu'il fallait descendre de
voiture et qu'au jour on verrait. On fit quelques
difficultés, mais il fallut se résoudre, et toutes les
personnes des deux voitures descendirent. Le procureur de la commune avait remarqué que cette
voiture, chargée en dehors de cinq à six personnes

qui paraissaient suspectes, était suivie de trois ou quatre autres personnes à cheval qui étaient restées sous une voûte (1) qui avoisine l'auberge, et soupçonnant qu'elle ne marchait pas seule, il invita toutes ces personnes à se rendre chez lui, ce qu'elles acceptèrent sans difficulté.

Alors l'alarme sonnait, le peuple s'amassait, la garde nationale avait formé des postes, on s'occupait à barrer les avenues et à placer des hommes bien armés pour s'opposer au passage intérieur. On se porta sur le chemin de Clermont avec quelques pièces de canon et on s'occupa à former des barrières avec des pièces de bois, des fagots et des voitures ; lorsque tout à coup parut le détachement de Lauzun (2) parti la veille pour l'escorte du prétendu trésor et qui revenait du côté du bois, lequel fut arrêté. Le sieur Boudet qui le commandait se fit alors connaître, mais on insista pour qu'il ne fît pas un pas avant d'être reconnu. Il se présenta à l'instant un homme à cheval qui menaça de forcer le passage ; mais trouvant de la résistance, il fit un tour et se joignit au détachement des hussards.

La gendarmerie nationale à cheval vint à l'instant, reconnut ce détachement et rentra avec lui dans la ville ; ensuite on reporta de ces petites pièces de canon sur les avenues de la rue où le roi était descendu.

Le procureur de la commune, qui avait déposé ces

(1) Celle de l'église Saint-Gengoult, dont il reste aujourd'hui comme vestige la tour de l'Horloge.

(2) Partie des hussards qui étaient préalablement installés à Varennes.

étrangers dans une chambre haute sur le derrière
de sa maison déjà bien entourée, courut chez
M. Destez, juge du tribunal, pour qu'il descendît
reconnaître si c'était réellement le roi et sa famille.
Au sortir de chez ce dernier, le détachement des
hussards entrait et se formait en bataille vis-à-vis
l'ancien palais. Il s'approcha d'eux et leur annonça
qu'il croyait le roi ici et qu'il pensait qu'ils étaient
trop bons citoyens et trop braves soldats pour se
prêter à son évasion, qui ne pouvait s'opérer qu'au
prix du sang. Leur réponse, quoique équivoque, ne
lui fît craindre que des forces ultérieures. Il revint
chez lui avec le sieur Destez et monta dans l'appar-
tement où étaient le roi, la reine, le dauphin, Madame
Royale, Madame Elisabeth et d'autres personnes de
leur suite et qui furent reconnues par ledit sieur
Destez.

Le détachement descendit au quartier (1), où il reçut
des ordres, et vint se mettre en bataille devant la
maison du procureur de la commune. Il était alors
minuit. Il avait à sa tête un aide de camp du sieur
Bouillé, qui demanda à parler au roi ; le procureur
de la commune l'introduisit. Aussitôt le roi lui
demanda qui il était ; il répondit qu'il se nommait
Goguelat. « Bon, dit le roi, quand part-on ? » — « J'at-
tends vos ordres », lui dit cet aide de camp. Le major
de la garde nationale était venu pour les prendre
également ; le roi dit à l'un et à l'autre qu'il ne voulait que cinquante hommes de la garde nationale et
même cent si l'on voulait. Ces officiers se retirèrent.

(1) Ancien couvent des Cordeliers.

Dans cet intervalle il parut quatre à cinq dragons à cheval qui traversèrent et ne s'arrêtèrent qu'en bas de la rue.

Tous ces moments se passèrent dans la plus cruelle agitation, incertains des dispositions des hussards, qui occupaient une partie de la rue et des mouvements que pouvaient faire ceux qui étaient au quartier.

Plusieurs personnes étaient rassemblées autour du roi, et voyant qu'on ne doutait plus que ce fût lui, il s'ouvrit et se précipitant dans les bras du procureur de la commune, il lui dit :

« Oui je suis votre roi. Placé dans la capitale au milieu des poignards et des baïonnettes, je viens chercher en province et au milieu de mes fidèles sujets la liberté et la paix dont vous jouissez tous ; je ne puis plus rester à Paris sans y mourir, ma famille et moi ».

Et après une explosion de son âme tendre et paternelle, il embrassa tous ceux qui l'entouraient. Cette scène attendrissante fit jeter sur lui des regards d'un feu d'amour que ses sujets sentirent et connurent pour la première fois, et qu'ils ne purent caractériser que par leurs larmes.

C'est de ce moment heureux dont on crut devoir profiter pour changer ses dispositions et l'engager à retourner sur ses pas ; mais le tableau qu'il se faisait des événements formait un obstacle invincible. La reine, qui de son côté partageait ses inquiétudes, ne s'exprimait pas moins par l'état affreux où elle était. Le spectacle était touchant, mais il n'ébranlait pas la

Commune dans sa résolution et son courage pour conserver son roi. Les instances qu'on lui fit le décidèrent à partir, ce qu'on n'avait pu obtenir pendant près de cinq heures, mais en persistant toujours pour Montmédy, ajoutant sur sa parole de roi qu'il ne sortirait pas du royaume et que l'on pouvait même l'y accompagner.

La garde nationale s'occupait au dehors à observer les mouvements des hussards : l'aide de camp (1) avait placé six hussards près d'une batterie qui gardait les avenues des rues hautes, et près d'une autre qui défendait l'issue du pont et des rues adjacentes. La crainte d'une irruption fit retirer les canons de la place haute pour les porter à l'extrémité de la rue où était le roi, et on fit retirer les hussards qui gardaient celles d'en bas, afin qu'au premier signal on balayât de la première décharge tout le détachement qui était placé dans cette rue ; on avait à cet effet fait ouvrir toutes les portes des maisons pour faciliter la retraite des gardes nationales et qu'elles pussent se défendre avantageusement. L'aide de camp s'apercevant de cette manœuvre, et par ce moyen ses forces se réduisant, voulut partir pour réunir de nouveaux secours, mais le major de la garde nationale qui se trouva à son passage avec quatre gardes nationales l'arrêta et lui rappela les ordres du roi qui n'avait désiré que cinquante hommes. Il fit manœuvrer son cheval pour l'écarter ; mais, se voyant pressé et ayant reçu plusieurs coups de pied de cheval, il dit à ses soldats de l'arrêter et saisit lui-même le cheval par

(1) Goguelat.

la bride, lui disant de descendre. L'aide de camp lui jura qu'il passerait et que sur sa tête il aurait le roi, et qu'il allait tout faire sabrer et saccager, et fit un mouvement pour lui porter un coup de sabre. Le major, voyant sa vie en danger, tira son pistolet et s'en servit ; le cheval se cabra et l'aide de camp fit une chute qui fit croire qu'il était blessé. Le coup de pistolet, cette action qui eut lieu à la tête des hussards en bataille fut pour le moment le signal du combat ; mais, soit que le détachement qui était entre deux feux connût le danger, où qu'il voulût faire un acte éclatant de patriotisme, il ne fit pas un mouvement. L'aide de camp, forcé d'entrer dans l'auberge, l'orage devint moins sérieux ; alors les hussards dévoilèrent leur intention en demandant qu'il leur fût donné un officier de la garde nationale pour les commander et qu'ils feraient ce qu'on voudrait.

Le roi et la reine et sa famille parurent aux vitres, et ce fut là où ils reçurent l'expression vive des sentiments d'amour des citoyens. Ce fut dans ce moment où, poussant des cris mille fois répétés de : Vive le Roi ! Vive la Nation ! Vive Lauzun ! (1), que le sort de la crise parut se décider. Il ne fut plus question alors que de presser le départ du roi : les moments étaient comptés, tous les instants devenaient précieux. Un cavalier de la gendarmerie courut le plus grand danger, ayant rencontré le fils Bouillé (2), qui, avec son camarade, au moment de l'arrivée du roi, était parti à

(1) Nom du régiment des hussards.
(2) Fils de François-Claude-Amour de Bouillé, lieutenant-général de l'armée du roi, qui avait organisé la fuite.

toutes brides pour Dun et Stenay, et faire avancer les
cent hussards qui étaient en détachement à Dun, et

Cliché Martinet.

ANCIENNE MAISON SAUCE (VARENNES)

le régiment de Royal-Allemand qui était à Stenay et
dont un détachement d'environ cent hommes avait
été avancé dans la nuit à Mouzay. Tout était à craindre
de l'arrivée de ces troupes. Les gardes nationales

voisines commençaient à défiler de toutes parts, averties par les officiers et cavaliers de la gendarmerie et par des citoyens. A six heures du matin, on se vit suffisamment en force pour hâter le départ et former l'escorte.

Pendant cet intervalle, le conseil général de la commune, le tribunal, le juge de paix, ce dernier mandé par le roi, s'assemblèrent pour délibérer sur le départ du roi, lorsqu'on annonça deux courriers de la capitale (1), dont l'un était aide de camp de M. de La Fayette, porteurs d'ordre de l'Assemblée nationale, envoyés à la poursuite du roi. Après les avoir reçus et vérifiés, ils furent introduits auprès du roi, et les ordres lui furent présentés. Ces députés lui exprimèrent la douleur dans laquelle son évasion avait plongé la capitale et la France entière, le désir sincère, ardent et inexprimable de son retour, et combien il y avait de danger de demeurer plus longtemps si peu éloignés des frontières. La commune et le tribunal se joignirent à eux, et lui ajoutèrent que le sort de la France et de ses sujets était entre ses mains, que le moment devenait toujours plus pressant, et s'il restait plus longtemps, ses jours comme ceux de tous les citoyens étaient dans le plus grand danger. « Encore un instant, disait-il ; n'est-il donc pas possible d'attendre les onze heures ? »

Après l'arrivée du roi (2), on s'était empressé de lui offrir à rafraîchir, ce qu'il avait accepté avec quelques-uns de sa suite ; mais comme il s'agissait de se remettre

---

(1) Bayon et de Romeuf, ce dernier l'aide de camp.

(2) Vers onze heures et demie du soir, la veille, le 21 juin.

en route, on lui offrit à déjeuner, à la reine et aux autres personnes qui les accompagnaient. On le leur servit. Ayant déjeuné et préparé quelques subsistances pour mettre dans la voiture, il fut de nouveau question de presser le départ. Le roi se mit à dormir, le dauphin et Madame dormirent également. Une dame suivante se trouve mal, le médecin parut et lui administra les secours nécessaires ; mais le sang des citoyens était également précieux, le plus petit instant de retard devenait irréparable. Le roi s'éveilla, on le pressa de partir. Il y consentit, mais toujours pour Montmédy. Il demanda au procureur de la commune que tout le monde se retirât et qu'on le laissât un instant avec sa famille, ajoutant que lui-même pouvait également rester ; il ajouta aussi qu'on pouvait mettre les chevaux aux voitures. Ces ordres furent exécutés, et le procureur de la commune resta hors de la chambre.

Au moment où tout se préparait pour le départ, un détachement de hussards qui était à Dun, ayant à sa tête le capitaine Deslon, qui commandait également le détachement de Varennes, s'est présenté à l'entrée de la ville qui était barricadée. Il voulut essayer de pénétrer ; on lui opposa des forces qui l'arrêtèrent et l'empêchèrent de se diriger par aucune issue.

Tout fut promptement disposé pour le départ : les citoyens fournirent chevaux et équipages, indépendamment des chevaux de poste. On nomma M. de Signémour, chevalier de Saint-Louis, commandant de la garde nationale de Neuvilly, pour commander toute l'escorte et diriger la marche. Tout fut exécuté avec le plus grand ordre. On amena aussitôt les voitures devant la porte où était le roi ; lui et sa suite montèrent dans ce moment au milieu des acclamations de : Vive le Roi ! Vive la Nation ! On se met en marche, il était alors sept heures et demie du matin. La municipalité avait résolu d'accompagner le roi dans son retour ; mais arrivée à Clermont, une nouvelle alarme sur l'approche des troupes étrangères la rappela au milieu de ses concitoyens. Elle le remit entre les mains de la municipalité du district de Clermont, sous la garde d'un petit détachement des officiers et soldats de notre garde nationale, qui était chargée de le remettre dans la capitale (1)..........

Sortis de Varennes, les fugitifs, devenus prisonniers de la Nation, refirent en quatre jours le trajet qui séparait ce petit bourg de Paris. Le roi a résumé en ces termes les principales étapes de son « Dernier voyage ».

> « Mercredi, 22, départ de Varennes à cinq ou six heures du matin, déjeuné à Sainte-Ménehould, arrivé à deux heures du soir à Châlons, y soupé et couché à l'ancienne intendance.

> « Jeudi, 23, à onze heures et demie, on a interrompu la messe pour presser le départ ;

(1) Le reste du rapport relate quelques incidents relatifs aux troupes qui s'avançaient de l'Est sur Clermont et sur les pays avoisinants, et qui durent passer outre, devant le déploiement des forces des gardes nationales.

Signé : Pultier, Person, J.-B. Florentin, Jean Nicole, Lombard, etc., officiers municipaux.

déjeuné à Châlons, dîné à Epernay, trouvé les commissaires de l'Assemblée près de Port-à-Binson ; arrivé à onze heures à Dormans, y soupé, dormi trois heures dans un fauteuil.

« Vendredi, 24, départ de Dormans à sept heures et demie, dîné à La Ferté-sous-Jouarre, arrivé à dix heures à Meaux, soupé et couché à l'Evêché.

« Samedi 25, départ de Meaux à six heures et demie, arrivé à Paris à huit heures (soir), sans s'arrêter. »

Le 25 juin au soir, le roi, la reine, le dauphin rentraient aux Tuileries ; ainsi échoua cette tentative qui eut, comme conséquences immédiates, l'internement au Temple, la chute de la royauté, le procès et la mort de Louis XVI.

CHAPITRE XLII

1792

CAMPAGNE DE L'ARGONNE. — VALMY

Après le manifeste de Brunswick (25 juillet 1792), Autrichiens d'abord, Prussiens ensuite envahissent notre frontière du nord et de l'est ; successivement Longwy et Verdun assiégés capitulent ou vont capituler et la route de Châlons et de Paris est ouverte ; seule l'Argonne offre encore une barrière naturelle et si elle est franchie, l'armée austro-prussienne va avoir raison des armées de la Révolution, commandées l'une par Dumouriez, alors à Sedan, l'autre par Kellermann, repliée sur Metz.

Vers le 1er septembre commença la *Campagne d'Argonne*. Au lieu de développer nous-même, la première partie de ce chapitre, nous laissons ce soin à un tacticien remarquable, le *général Hartschmidt*, qui a admirablement exposé les mouvements de nos troupes, dans sa conférence aux officiers de la garnison de Châlons, en date du 24 janvier 1896.

« Dumouriez, dit-il, quitta Sedan (1) le 1er septembre et porta son armée par Mouzon sur Yoncq. Il prescrivit à Dillon, qui commandait l'avant-garde, de marcher sur les Islettes et d'occuper ce point important, tandis que lui-même se porterait sur Grand-pré. A ce moment on était encore sans nouvelles de Verdun. Le 2 septembre, Dillon était à Saint-Pierremont, Dumouriez à La Berlière ».

(1) Voir la carte page 251.

Ici, nous nous permettons une digression, car à cette même date, Dumouriez lança aux citoyens de la Marne et des Ardennes, la proclamation suivante dont l'énergie est telle que nous nous reprocherions de ne pas la reproduire :

AVIS

Du général Dumouriez à tous les citoyens français des deux départements des Ardennes et de la Marne et particulièrement des districts de Vouziers, Grandpré, Sainte-Ménehould, Clermont, Sedan, Mézières, Rocroi et Rethel.

« Citoyens, l'ennemi fait des progrès sur le terri-
« toire des hommes libres, parce que vous ne
« prenez pas la précaution de faire battre vos grains,
« de les porter sur les derrières, pour qu'ils soient
« sous la protection des troupes françaises; d'appor-
« ter au camp de vos frères les fourrages et les
« pailles qui vous seraient payés comptant par vos
« compatriotes, qui respectent votre propriété. Au
« lieu de cela, toutes vos subsistances sont dévorées
« par les satellites des despotes; les chevaux sont
« nourris de vos fourrages sans qu'il vous en re-
« vienne aucun payement; c'est ainsi que vous-
« mêmes vous donnez à nos cruels ennemis les
« moyens de subsister au milieu de vous, de vous
« accabler d'outrages et de vous remettre dans
« l'esclavage. Citoyens, je vous somme, au nom de
« la patrie et de la liberté, de faire apporter dans nos
« différents camps vos grains et vos fourrages, en
« faisant constater par vos officiers municipaux les
« quantités que vous nous apporterez.

« Je vous somme pareillement de faire retirer vos
« bestiaux et vos chevaux derrière nos camps, sinon
« je serai obligé, pour le salut de la patrie, de sacri-
« fier vos intérêts particuliers, de me conduire avec
« vous comme se conduisent nos barbares ennemis,
« et de faire fourrager et de tout enlever dans vos
« villages, afin qu'eux-mêmes n'y trouvent pas à
« subsister.

« Vous particulièrement, districts de Sedan, Mé-
« zières, Grandpré, Vouziers et Sainte-Ménehould,
« je vous invite à profiter de l'âpreté de vos mon-
« tagnes et de l'épaisseur de vos forêts pour m'aider
« à empêcher l'ennemi d'y pénétrer.

« En conséquence, je vous annonce que si les
« Prussiens et les Autrichiens s'avancent pour tra-
« verser les défilés que je garde en force, je ferai
« sonner le tocsin dans toutes les paroisses en avant
« et en arrière des forêts d'Argonne et de Mazarin ;
« à ce son terrible, que tous ceux d'entre vous qui
« ont des armes à feu se portent chacun en avant de
« sa paroisse sur la lisière du bois, depuis Che-
« veuge jusqu'à Passavant ; que les autres, munis
« de pelles, de pioches et de haches, coupent les bois
« sur la lisière et en fassent des abatis pour empê-
« cher les ennemis de pénétrer ; par ce moyen pru-
« dent et courageux, vous conserverez votre liberté
« et vous nous aiderez à donner la mort à ceux qui
« voudraient vous la ravir (1).

(1) Ce vibrant passage de la proclamation de Dumouriez a été entendu et
l'éminent et regretté académicien A. Theuriet a peint magistralement dans sa
poésie : *Les Paysans de l'Argonne* (voir p. 262) la lutte à outrance des Argonnais
contre les envahisseurs de leur petite patrie.

« Je requiers, au nom de la loi et au nom de la
« patrie, tous les administrateurs des départements
« et des districts, tous les officiers municipaux de
« donner des ordres sur leur responsabilité pour
« l'exécution des différents objets de cette procla-
« mation.

« Quiconque y mettra obstacle sera dénoncé à
« l'Assemblée nationale comme lâche ou parjure ;
« mais comme cette mesure serait trop lente, je dé-
« clare qu'en cas que j'y sois forcé, j'emploierai tous
« les moyens militaires que j'ai dans la main pour
« faire exécuter ce que je crois nécessaire pour le
« salut de la patrie. »

« Le 3 septembre, continue le général Hartschmidt,
Dillon gagnait Cornay, Fléville, et Dumouriez arrivait
à Grandpré. Le 4 septembre, Dillon, après avoir traversé Varennes, prit la route de La Chalade. En arri-
vant à ce point, on entendit une vive fusillade du côté
des Islettes, et les habitants annoncèrent que les
Prussiens y étaient déjà arrivés. Les troupes de
Dillon refusèrent de marcher au feu et leur chef dut
les mener sur l'Aisne, à Vienne-la-Ville, pour gagner
Sainte-Ménehould en remontant la rivière. Il y arriva
le 5 septembre et y apprit que Galband (officier que
Dumouriez avait envoyé au secours de Verdun) tenait
toujours les Islettes et la côte de Biesme, et que la
fusillade entendue la veille était le fait d'une panique
qui s'était emparée des volontaires de la garnison de
Verdun que Brunswick avait fait diriger sur Clermont. Dillon prit le commandement de toutes les
troupes des Islettes ; il fit travailler à fortifier le

passage et établit une ligne d'avant-postes depuis Passavant jusqu'à Châtel, en passant par Futeau et par la voie romaine dite de la Haute-Chevauchée.

« Dumouriez, dès son arrivée à Grandpré le 3, se mit sans retard à organiser la défense. Il plaça ses troupes dans un camp, sur la rive gauche de l'Aire, contre le bois de Nègremont ; Grandpré et son château furent retranchés, et une ligne d'avant-poste, passant par Marcq et Saint-Juvin, suivait le cours inférieur de l'Agron, Champigneulle, Beffu, et se reliait par le Morthomme au détachement de la Croix-aux-Bois. A droite, ces avant-postes rejoignaient à Châtel ceux du corps de Dillon. Pour garder la Croix-aux-Bois, Dumouriez y porta deux bataillons, un escadron et quatre pièces, et il dirigea sur Le Chêne un corps de 3.000 hommes tirés du camp de Pont-sur-Sambre, et qui venait d'arriver sous les ordres du général Duval. Dumouriez songeait à tout, prévoyait tout ; son activité étonnait les troupes, et elles reprenaient confiance.

« La situation resta indécise jusqu'au 11 septembre ; ce jour-là, un corps de 10.000 hommes de l'armée du Nord arrivait à Rethel sous les ordres de Beurnonville, en même temps qu'on apprenait la marche en avant de l'armée prussienne. Celle-ci, affaiblie par la dysenterie et ne pouvant trouver que difficilement les vivres qui lui étaient nécessaires, retardée aussi par la pluie qui ne cessait de tomber et défonçait les chemins, vint établir son camp, le 12 septembre, à Landres, en face et à une demi-journée à peine de Grandpré. La veille déjà le corps autrichien de Cler-

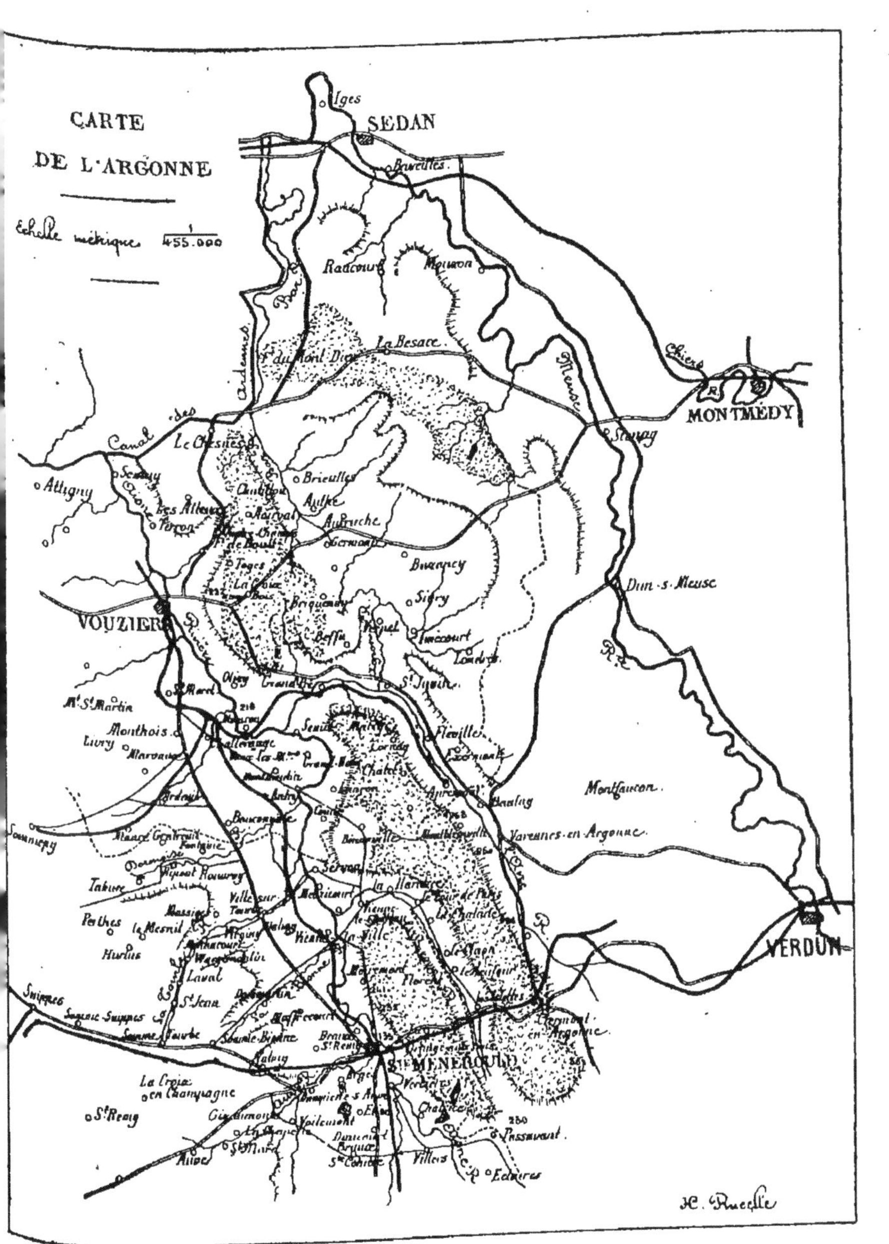

Cliché de l' « Œuvre des Voyages Scolaires »

fayt était venu à Buzancy. La position des Islettes, que le roi de Prusse avait reconnue en personne, avait été jugée trop forte pour être attaquée de front ; on se borna à la faire observer par un corps hessois arrivé de Thionville.

« L'armée du roi de Prusse avait absorbé toute l'attention de Dumouriez ; il était resté dans l'ignorance des mouvements de Clerfayt, et, confiant dans les rapports du commandant de la Croix-aux-Bois, qui assurait que ce passage avait été rendu impraticable et pouvait être défendu par une poignée d'hommes, il rappela à lui, le 12 septembre, les troupes qui tenaient ce poste, avec ordre de n'y laisser qu'un capitaine et 100 hommes. A peine cet ordre était-il exécuté que les Autrichiens, venant de Boult-aux-Bois, se présentaient devant la Croix-aux-Bois et s'en emparaient sans coup férir. Chazot fut immédiatement expédié avec 5.000 hommes, de Grandpré sur Vouziers, pour reprendre le passage ; mais retardé dans sa marche par le mauvais état des chemins, il n'arriva à Vouziers que le 13 et ne put attaquer que le 14, à la pointe du jour. Les Autrichiens, surpris, furent rejetés hors du bois, mais ils revinrent en force quelques heures plus tard, reprirent la Croix-aux-Bois et rejetèrent le corps de Chazot en désordre sur Vouziers.

« La situation était critique ; il s'agissait de rallier promptement l'armée, et de battre en retraite, afin d'échapper à l'étreinte. Dumouriez conserva le calme et le sang-froid nécessaires, dicta les ordres et mit ses aides de camp en mouvement dans la nuit du 14 au 15 septembre.

« Le mouvement de retraite de l'armée de Grandpré se fit dans le plus grand ordre ; les troupes d'avant-postes prirent la queue et formèrent l'arrière-garde, sous les ordres de Duval et de Stengel. On franchit l'Aisne aux ponts de Senuc et de Grandham, que l'on barricada, et à huit heures du matin, toute l'armée était en marche sur Cernay-en-Dormois. Chazot seul avait éprouvé quelque retard dans sa marche. Dès qu'on s'aperçut au camp prussien du départ des Français, on lança à leur poursuite une partie de la cavalerie légère ; mais trouvant le pont de Senuc obstrué, elle dut faire un crochet par Termes, Mouron et Vaux-les-Mouron, où elle tomba sur la queue du corps de Chazot, qui atteignait à ce moment les environs de Montcheutin. Les troupes de Chazot, déjà éprouvées par les marches et par le combat de la veille, perdirent la tête, se débandèrent au travers du bois d'Autry et se jetèrent sur le gros de l'armée. L'arrière-garde fit seule bonne contenance et arrêta les hussards prussiens en prenant des positions successives sur la Dormoise et sur la Tourbe, mais la panique se communiqua au reste de nos soldats, dont la marche se transforma en une fuite désordonnée, qui ne cessa qu'à Dommartin-sous-Hans, où Dumouriez parvint enfin à ramener un peu d'ordre. L'arrière-garde avait sauvé l'armée d'un désastre complet ; mais il était clair qu'elle était incapable de lutter en rase campagne ; aussi, dès le 16, Dumouriez la conduisit-il dans la position de Braux-Sainte-Cohière, un peu à l'ouest de Sainte-Ménehould, et où il établit

son camp : la droite à Maffrécourt, la gauche cou-
verte par l'Étang-du-Roi, les derrières appuyés à
l'Aisne et communiquant avec Dillon par le pont de
la Neuville. Un corps léger occupait le Mont-Yvron
et surveillait la plaine.

« Les journées des 17, 18 et 19 septembre se passèrent sans grand incident. Le corps de Beurnonville (1) arriva au camp le 19 et prit position en
arrière de Braux ; Kellermann (1) mandait de son
côté qu'il était arrivé le 18 à Dampierre-le-Château
et que, le lendemain 19, il serait à même de donner
la main à l'armée de Dumouriez par Dommartin-la-
Planchette. La réunion de tous ces groupes pouvait
constituer une force d'une quarantaine de mille
hommes. A ce moment, l'armée prussienne n'avait
plus que 35.000 hommes dans le rang. Toutefois il
est bon de faire remarquer que c'est avec 16.000 hommes à peine que Kellermann vint se placer le 19 à
la gauche de l'armée de Dumouriez.

« Le 18 septembre, après quatre nouveaux jours
d'inaction, l'armée de Brunswick quitta enfin le
camp de Landres pour venir, ce jour-là, à Vaux-les-
Mouron. Clerfayt occupait Semide et poussait le
lendemain à Manre.

« Le 19, l'armée prussienne venait à Tahure et à
Massiges ; un détachement, sous Hohenlohe, occupait
Vienne-la-Ville, et était destiné à prendre à revers
les défenseurs de La Chalade et des Islettes. Mais,
dans la journée, le roi reçut le rapport d'une recon-

(1) Tous deux avaient reçu des ordres dans la nuit du 14 au 15 septembre.

naissance donnant à penser que l'armée française
levait son camp pour battre en retraite sur Châlons.
Sans prendre l'avis de personne, et craignant que

Dumouriez ne lui échappât encore une fois, le roi
donna l'ordre à toute son armée de reprendre sa
marche en avant et de venir occuper la ligne Somme-
Suippe, Somme-Tombe et Somme-Bionne, par laquelle
passe aujourd'hui la route de Reims à Sainte-Ménehould. Tous les bagages, tous les convois furent
dirigés sur les maisons de Champagne, où ils devaient

attendre des ordres. Toutefois, on oublia à Manre le corps autrichien de Clerfayt. Dans la soirée du 19, toute l'armée prussienne, faisant face au sud, bivouaqua sur les emplacements désignés, mais il n'y eut ce jour-là aucune distribution de vivres ».

*
* *

Le 20 septembre, contre toute attente eut lieu l'événement qui, selon Gœthe, « marqua le commencement d'une nouvelle ère dans l'histoire du monde », la victoire de *Valmy*.

Dès le matin, les Prussiens s'avancèrent sous la pluie, à travers le brouillard. Ils furent aperçus par les troupes françaises qui acceptèrent la bataille dans une position bien choisie. Il en résulta une hésitation momentanée du roi de Prusse et du duc de Brunswick. Puis le roi donna l'ordre d'attaquer, et l'infanterie s'ébranla en bon ordre au son du tambour. Couvertes par cinquante-quatre bouches à feu, ces belles troupes marchaient avec une confiance intrépide vers la hauteur de Valmy, qu'elles avaient l'ordre d'emporter.

En voyant l'armée prussienne s'avancer en bon ordre, quelques-uns de nos bataillons commençaient à se troubler. Ils se demandaient s'ils sauraient résister à une infanterie si renommée, habituée à la victoire. Heureusement, près du moulin de Valmy, Kellermann conserve tout son sang-froid et tout son courage. Il forme ses troupes en colonnes, il leur commande d'attendre les assaillants sans tirer un coup de fusil et de les charger à la baïonnette dès qu'ils auront gravi la hauteur. Puis, dans un beau mouvement d'enthousiasme patriotique, il met son chapeau surmonté d'un panache tricolore au bout de son épée, qu'il agite, et il s'écrie : *Vive la nation !* L'armée entière lui répond, de longues acclamations retentissent. Chacun se sent électrisé et transporté au-dessus de lui-même par la violence des émotions.

Douze cents mètres séparaient encore les deux armées. Aussitôt nos artilleurs, au lieu de répondre à l'artillerie ennemie, concentrèrent le feu de leurs pièces sur les colonnes d'attaque. L'avant-garde et le centre de la première ligne sont atteints par nos boulets. Le prince royal de Prusse voit tomber autour de lui des blessés et des morts. Le duc de Brunswick comprit l'inutilité d'une lutte si meurtrière et arrêta son infanterie au bout de deux cents pas. Un obus qui éclata près du moulin de Valmy fit sauter des caissons et mit quelque peu le désordre dans notre première ligne. Mais Kellermann eut bientôt rétabli l'ordre dans les rangs et installé de nouvelles batteries.

Cette ferme attitude triompha des dernières irrésolutions de Brunswick. Il se rendit compte de la force des Français ; il vit leurs cavaliers mettre pied à terre sous le feu de l'artillerie prussienne et donner tranquillement l'avoine à leurs chevaux. « Voyez, Messieurs, dit-il au milieu d'un groupe d'officiers, à quelles troupes nous avons affaire ; ces Français attendent que nous soyons sur eux pour monter à cheval et nous charger ».

L'énergie avec laquelle il parla, le ton d'autorité qu'il prit pour la première fois, décidèrent le roi à céder.

L'armée française échappait encore à l'ennemi ;

FERME DE LA LUNE

si elle avait dû abandonner la route de Châlons aux environs de la ferme de la Lune, elle conservait la route de Vitry. Le lendemain 21, Dumouriez et Kellermann étaient de nouveau prêts à continuer la lutte, mais les Prussiens étaient découragés ; on entama des négociations qui ramenèrent les ennemis au camp de Hans ; peu après le territoire français fut évacué. Valmy avait sauvé la France.

Une telle journée méritait d'être immortalisée et avec elle ceux qui en avaient été les héros.

En 1821, une modeste pyramide fut dressée à peu

STATUE DE KELLERMANN

de distance de l'endroit où s'élevait le moulin à vent de Valmy. Sous cette pyramide est déposé le cœur de Kellermann ; satisfaction a été donnée au général qui avait écrit dans ses dernières volontés : « *Un monument simple sera élevé au champ de Valmy.*

Mon cœur y sera déposé sous cette inscription : Ici sont morts les braves qui ont sauvé la France au 20 septembre 1792. Un soldat qui les commandait en ce jour, le général Kellermann, duc et pair de France, a voulu en mourant que son cœur fut placé au milieu d'eux ».

Il appartenait au gouvernement républicain d'ajouter au stèle de Valmy un souvenir commémoratif digne de l'immortelle journée.

Le 20 septembre 1892, cent ans après la victoire, une statue de Kellermann a été inaugurée sous la présidence de M. Léon Bourgeois, alors Ministre de l'Instruction publique et des Beaux-Arts. Cette statue est l'œuvre du sculpteur Barrau. Sur un piédestal haut de douze mètres, Kellermann, debout, est fièrement campé, le pied gauche en avant, la pointe de l'épée à hauteur de la poitrine, et de la main gauche lève son chapeau de général; l'effet est superbe et l'on a la sensation de voir le héros au moment où il poussait son cri patriotique de : « Vive la Nation ! »

Une face du piédestal porte cette inscription :

VALMY, 20 SEPTEMBRE 1792

Une autre, la réponse de Gœthe, citée plus haut. Douze canons entourent le monument.

Le tout est admirablement entretenu par la population entière de Valmy qui ne manque jamais au jour anniversaire d'une des plus belles dates des annales militaires de la Révolution d'accueillir à bras ouverts les nombreux pèlerins champenois et argonnais qui se font un devoir d'aller saluer le héros national.

CHAPITRE XLIII

LES PAYSANS DE L'ARGONNE [1]

Verdun s'était rendu. Serrés en noires lignes,
Les bataillons prussiens escaladaient nos vignes.
Vers l'Argonne, aux grands bois noyés dans les brouillards,
Ils s'avançaient nombreux, insolents et pillards,
Et les corbeaux, trompés par ces voix allemandes,
Se croyaient en famille et saluaient leurs bandes.
Tous se voyaient déjà triomphants et, le soir,
Leurs généraux, grisés par le vin du terroir,
Taillaient la France entre eux comme un cerf qu'on démembre.
La route cependant était rude. Septembre
Versait à flots les pleurs de son ciel pluvieux ;
Les fourgons dans la boue entraient jusqu'aux essieux.
Et les hommes juraient et faisaient triste mine,
Ayant au front la pluie, au ventre la famine.
Les bourgs étaient déserts ; les paysans lorrains
Cachaient dans la forêt leurs troupeaux et leurs grains.
Et, quand chez un fermier les fourrageurs avides
Arrivaient, l'écurie et la huche étaient vides…
Leurs premiers régiments, à demi morts de faim,
Avaient atteint Grandpré ; devant eux, à la fin,
L'Argonne se dressait, profonde, sombre et haute,
Quand un des espions rapporta qu'à mi-côte,
Dans un taillis coupé par des fossés bourbeux,
Des paysans s'étaient enfuis avec leurs bœufs
D'abord ce fut un rauque et brutal cri de joie,
Puis en silence, et pour ne pas manquer la proie,
On cerna le taillis.
    Au milieu des halliers,

(1) Poésies complètes d'*André Theuriet*. — A. Lemerre, éditeur.

Cent hommes environ, fermiers et journaliers,
Pâles, armés de faux et de vieilles épées,
Faisaient le guet, tandis qu'à l'entour des cépées,
Leurs grands bœufs ruminaient d'un air indifférent.
Tout à coup, un rayon de soleil, éclairant
L'épaisseur du fourré, laisse voir sous les ormes
Les fusils des Prussiens et leurs noirs uniformes.
« A nous ! » dit un berger... Sa voix vibrait encor
Quand un coup de mousquet l'étendit roide mort.
Ils étaient dix contre un ; d'ailleurs que peuvent faire
De pauvres paysans contre des gens de guerre ?...
On se rendit. Un chef écrivit le détail
Des parts que chacun avait dans le bétail,
Et leur remit, avec d'amères railleries,
Un bon sur le Trésor, payable aux Tuileries...
Puis en criant hourrah ! les soldats, deux à deux,
Défilèrent, poussant le troupeau devant eux.
Les bœufs, en mugissant, et les génisses rousses
Tournaient le front d'un air plaintif, et leurs voix douces
Retentissaient au loin. Les paysans navrés
Les regardaient partir, muets, les poings serrés,
Et des larmes de feu brûlaient leur peau tannée...
Amour de la maison où notre race est née,
Haine de l'étranger qui vient prendre au pays
Le blé de ses sillons et le sang de ses fils,
Pur sentiment du droit écrasé par la force,
C'est vous qui pénétrez nos cœurs à rude écorce !
Nous ne comprenons rien, nous autres laboureurs,
Aux querelles des rois avec les empereurs ;
Nous ne connaissons pas la gloire et ses chimères,
Mais nous savons que les enfants sont à leurs mères,
Que nos champs sont à nous, que le sang veut du sang,
Et nous nous soulevons comme un flot menaçant...
Les paysans, avec des pleurs dans les paupières,
Demeurèrent longtemps au milieu des bruyères.
Tout à coup, brandissant leurs faux, mêlant leurs voix,
Ils jetèrent un cri qu'au loin l'écho des bois

Répercuta comme une sonnerie, et, l'œil farouche,
La rage dans le cœur, la vengeance à la bouche,
Ils bondirent parmi les ronces et les halliers,
Comme un fauve troupeau de rudes sangliers.
Ils coururent ainsi jusqu'aux âpres falaises
Où les noirs charbonniers surveillaient leurs fourneaux.
Tout un groupe vaillant vivait sur ces hauteurs :
Braconniers, bûcherons, hardis et fiers lutteurs.
Hors d'haleine, tremblant de hâte et de colère,
Le doyen des fermiers leur raconta l'affaire,
Et, quand il eut fini, le maître charbonnier
Remplit sa poire à poudre et boucla son carnier.
C'était un grand vieillard aux traits durs et moroses ;
Il avait vu beaucoup de pays et de choses,
Et savait lire : « Amis, leur dit-il, vengeons-nous,
Vengeons-nous dès ce soir !… Ces Prussiens sont des loups
Qui nous dévoreront, si nous les laissons faire.
Ils nous prendront jusqu'au dernier lopin de terre.
Ils viendront se gorger de notre vin vermeil
Et dégourdir leur sang à notre chaud soleil…
Nous sommes la lumière ; eux ils sont les ténèbres !
Donc, en marche, et traquons à mort ces loups funèbres.
Je sais où doit passer un de leurs régiments,
Venez tous, et ce soir, contre les Allemands
Ce que nous défendrons, avec notre existence,
Ce sera le joyeux et libre sol de France ! »
Il dit et se leva. Son profil maigre et fier
Se découpait en noir sur le couchant d'or clair.
Ayant pris son fusil, il partit l'air tranquille,
Comme pour une chasse, et derrière, à la file,
Dans un sentier bordé de genêts et de houx,
Graves, silencieux, ils le suivirent tous…
Ils marchaient, et la nuit tombait, et les nuées,
Où les éclairs perçaient de blafardes trouées,
Dans le ciel orageux amassaient leurs plis lourds.
L'averse ruisselait… Ils avançaient toujours.
Enfin, le charbonnier, sur le bord d'une pente

Fit halte, et, leur montrant la profondeur béante,
Murmura lentement : « C'est par là qu'ils viendront ! »
Dans la roche un ravin s'ouvrait, et d'un seul bond
Descendait brusquement au fond d'une clairière.
Un torrent s'y creusait un étroit lit de pierre,
Et la route longeait à pic le cours de l'eau.
Du creux de ce couloir au sommet du plateau,
Selon l'effort du vent la voix d'une cascade
Arrivait jusqu'aux gens placés en embuscade,
Tantôt comme un fracas de chevaux au galop,
Et tantôt comme un faible et limpide sanglot.
Les paysans avaient barricadé la route,
Ils attendaient, le cœur plein d'angoisse et de doute,
Lorsque, vers le ravin penchant son front noirci,
Le charbonnier leur dit : « Ecoutez !... Les voici... »
En effet, à travers la pluie et la rafale,
On distinguait un bruit confus... Par intervalle
La rumeur s'accroissait. De brefs commandements
Retentissaient pareils à des croassements,
Et les éclairs faisaient briller les baïonnettes,
Et déjà des soldats les voix montaient plus nettes.
Le charbonnier cria : « Mort aux brigands !... A mort ! »
Et ce fut le signal... Sur ces hommes du Nord
Les troncs d'arbres noueux et les quartiers de roche
Croulèrent, comme si l'Argonne, à leur approche,
Eût convulsivement secoué de son front
Les rocs et les forêts pour venger son affront.
Les grès lourds écrasaient les Prussiens par vingtaines.
« En avant ! En avant ! » hurlaient les capitaines
Avec d'affreux jurons, mais ils hurlaient en vain :
Les plus braves soldats tombaient dans le ravin,
Fous de peur, et mouraient avec un cri sauvage,
En songeant au clocher lointain de leur village.
Les rouges coups de feu se croisaient ; les blessés
Râlaient en se tordant aux revers des fossés...
« Et maintenant, mes fils, marchons à l'arme blanche ! »
Dit un vieux paysan...
Et, comme une avalanche

De démons, dans la gorge on les vit se ruer,
Pour arme ayant pris tout ce qui peut tuer ;
Le hoyau de sarcleur, le fléau de la grange,
Et la serpe... Ce fut une sombre vendange,
Et les torrents gonflés, dans leur flot écumant,
Roulèrent plus d'un froid cadavre d'Allemand...
Lorsque tout fut fini, lorsque leur dernier homme,
Le front dans les roseaux, dormi son dernier somme,
Il se fit un silence. Alors, terrible et fier,
Debout sur le talus tandis qu'un large éclair
Promenait sur les bois sa silhouette immense,
Le maître charbonnier cria : « Vive la France ! »

André THEURIET.

CHAPITRE XLIV

1870 !

MASSACRE DE PASSAVANT

Lorsque le voyageur, au sortir du village de Passavant, laisse sur sa gauche les contreforts de l'Argonne
et s'engage sur la route qui conduit à Triaucourt, il
ne tarde pas à remarquer sur sa droite, un monument
en pierre de taille, dont le motif principal est un mobile
à la figure douce et pensive jetant un regard plein
de tristesse sur les vergers que domine le monticule
du château. Ce monument a été érigé en souvenir
d'un des plus douloureux événements de la guerre
fatale avec les Prussiens, le massacre des mobiles de
la Marne, sur les détails duquel un témoin oculaire,
M. Alphonse Thiébault, de Florent, a bien voulu nous
rappeler ses souvenirs personnels. Ceux-ci, joints
à quelques renseignements pris à Passavant même,
nous ont permis de relater ainsi qu'il suit les journées si tristement célèbres du mois d'août 1870.

Au commencement d'août 1870, nous dit M. Thiébault, je reçus l'ordre d'appel suivant :

« MINISTÈRE DE LA GUERRE

« En exécution du décret du 16 juillet 1870, qui
« appelle à l'activité la garde nationale mobile, et des
« ordres du Ministre de la guerre,

« Il est prescrit au nommé Alphonse Thiébault,

« garde national mobile du département de la Marne,
« canton de Sainte-Ménehould, de se rendre immé-
« diatement à Vitry-le-François, chef-lieu d'arron-
« dissement dudit département.

« Tout retard non justifié qu'apporterait le garde
« national mobile à l'exécution de cet ordre, le met-
« trait dans le cas d'être poursuivi, selon les pres-
« criptions du Code de justice militaire.

> « *Le capitaine-major de la Garde nationale*
> » *mobile du département de la Marne,*

> « JOURNET.

> » Vu :

« *Le Sous-Intendant militaire.* »

Au reçu de cet ordre, Thiébault partit avec quelques-uns de ses compatriotes, E. Aubry, A. Deliège,
J. Deliège, E. Froment. Avec eux, nombre d'exempts
du service actif des classes 1865, 1866, 1867, 1868
et 1869, habitant les communes des arrondissements
de Sainte-Ménehould et Vitry-le-François, reçurent
le même ordre d'appel, et tous se rendirent dans
cette dernière ville, où l'on constitua le 4ᵉ bataillon
d'infanterie et la 1ʳᵉ batterie d'artillerie de la Marne.

Durant plusieurs jours, les mobiles furent occupés
aux travaux de défense de Vitry-le-François. Le
25 août, à une heure du matin, sur un ordre du Ministre de la guerre, les jeunes soldats, toujours vêtus
de leurs habits de civils, avec simplement comme
signe distinctif une cocarde tricolore, quittèrent
Vitry, se dirigeant vers l'Argonne ; ils avaient alors

à leur tête les commandants Terquem, Michaud et Duval ; le tout, artilleurs et fantassins, formant un total d'environ 1.500 hommes.

Jusque la Serre, éminence située non loin d'Epense, ils ne furent nullement inquiétés ; mais bientôt on aperçut la cavalerie ennemie. Malgré les conseils du commandant Duval, quelques jeunes mobiles, effrayés outre mesure à la vue des Prussiens, s'enfuirent à travers champs, abandonnant la colonne, qui continua sa marche en avant jusque la ferme de la Basse, sise entre Dampierre-le-Château et Sivry-sur-Ante.

Les officiers supérieurs disposèrent leur troupe en cet endroit, afin de résister à l'artillerie et à la cavalerie allemandes (14e et 18e brigades). Contre le nombre, la lutte devint impossible et les malheureux mobiles, cernés de tous côtés, durent se rendre : 843 hommes et 27 officiers sont désarmés; les autres, connaissant suffisamment le pays, s'échappent ; certains rejoignent leurs villages, beaucoup sont pris par les Prussiens.

Escortés par un escadron du 16e hussards, les prisonniers de la Basse se dirigèrent vers l'Allemagne ; ils traversèrent d'abord Sivry-sur-Ante, Ante et Villers-en-Argonne. Vers cinq heures du soir, après avoir franchi la rivière d'Aisne au Pont-aux-Vendanges, ils atteignirent les premières tuileries de Passavant. Quoique des Prussiens fussent logés au village, les habitants étaient sur leurs portes et lorsque les mobiles, exténués de fatigue, mourant de faim, passèrent, ils s'empressèrent, malgré les menaces des soldats de l'escorte, de leur donner du pain, du vin et de l'eau. Et il en fut ainsi tout le long de la rue principale de la localité. La triste, mais bienfaisante exorde à travers le bourg est terminée ; la colonne s'avance maintenant sur Triaucourt, tout paraît tranquille quand soudainement un coup de feu retentit : un mobile de l'arrière-garde vient d'être lâchement assassiné par un Prussien près de la maison du maire de Passavant, M. Boiet, la dernière habitation du village. A ce coup de fusil, la débandade se produit dans les rangs des prisonniers, l'escorte tire à nouveau, la scène de sauvagerie commence ; les mobiles, traqués comme des bêtes fauves, se réfugient partout, dans les granges, sous les tas de foin, où les baïonnettes allemandes s'enfoncent et se tachent du sang des pauvres petits soldats (M. Thiébault fut de ceux-là), dans les vergers qui avoisinent la route, dans les vignes de la côte du château, où les balles prussiennes pleuvent comme grêle ; puis ce sont les coups de lances qui succèdent aux coups de lances, les coups de crosses aux coups de crosses ; c'est une tuerie odieuse d'ennemis désarmés que le Maire, ceint de son écharpe, essaye en vain d'arrêter. Après des minutes longues comme des siècles, un Allemand étant tombé de cheval mortellement blessé, le commandement de cesser le feu retentit enfin.

Le village est maintenant menacé d'être brûlé ; on accuse en effet les francs-tireurs d'avoir tué le hussard prussien ; déjà l'ordre du général Von Pope va être exécuté, quand un habitant du pays, M. Raulin, a l'idée heureuse de demander l'autopsie du cadavre ; satisfaction lui est donnée et on reconnaît qu'une balle allemande a tué l'ennemi ; le bourg est sauvé.

La colonne des prisonniers est reformée ; il en reste environ 670 ; les autres sont tués, blessés ou échappés ; une nouvelle escorte emmène les malheureux. Vers 10 heures du soir, ils arrivent à Triaucourt, passent la nuit dans l'église, repartent le lendemain matin et par des étapes de plus en plus douloureuses, gagnent Glogau, en Silésie, le 1er septembre, où ils vont subir une longue et cruelle captivité.

Pendant que les pauvres victimes d'une guerre aussi néfaste qu'inutile s'acheminaient ainsi vers l'exil, la population de Passavant ne restait pas inactive. On ramasse les cadavres et on les conduit au cimetière ; on relève les blessés et on les transporte à la mairie ; la conduite de M. Paquet, alors instituteur à Passavant, est tout à fait digne d'éloges ; il en est de même de celle de M. Dalbavie, médecin du village lequel, aidé d'un major prussien, pratique les pansements et les opérations nécessaires, la grande salle de la maison commune est transformée en une vaste ambulance.

Le 26 août, dès qu'il fait clair, de nouvelles recherches sont opérées sur le lieu du massacre, 32 autres cadavres viennent s'ajouter à ceux retrouvés la veille, ce qui forme un total de 49 tués. La reconnaissance des victimes a lieu quelques jours après, ce fut un spectacle horrible. Puis les corps non enlevés par leurs familles furent définitivement enterrés dans une fosse commune. Unis dans la mort comme ils l'avaient été dans les souffrances, ils dorment maintenant leur dernier sommeil dans un coin du cimetière du village, après avoir sacrifié leur vie à la défense du pays.

Ce sont eux et de semblables héros que Victor Hugo immortalise en ces admirables vers :

> Ceux qui pieusement sont morts pour la patrie
> Ont droit qu'à leur cercueil la foule vienne et prie.
> Entre les plus beaux noms, leur nom est le plus beau ;
> Toute gloire près d'eux passe et tombe éphémère ;
> Et, comme ferait une mère,
> La voix d'un peuple entier les berce en leur tombeau.

D'ailleurs, le témoignage de reconnaissance que méritaient ces braves enfants ne s'est pas fait attendre. Un comité de souscription s'est organisé pour l'érection d'un monument à l'endroit même où a eu lieu le massacre. Rapidement les fonds nécessaires furent recueillis et l'inauguration eut lieu le 28 août 1871, devant une foule immense accourue de tous les points des arrondissements de Vitry-le-François et de Sainte-Ménehould.

Depuis lors l'anniversaire de ce douloureux événement est célébré chaque année et depuis lors aussi le vénérable *commandant Duval,* qui accompagna volontairement ses mobiles dans leur dure captivité, n'a pas manqué de venir rendre un juste et poignant souvenir à ses pauvres compagnons d'armes. — Honneur lui soit rendu. — Honneur également à la population passavantine qui pratique d'une façon admirable le culte des martyrs de 1870.

Aussi est-ce le cœur plein de confiance en l'avenir que nous terminons cette étude en rendant hommage à la laborieuse et patriotique race argonnaise, laquelle,

Cliché Martinet.

MONUMENT DE PASSAVANT

nous en sommes certains, aux jours de danger, serait encore la première à se lever en masse, comme elle l'a déjà fait en 1792, pour courir sus à l'envahisseur,

FIN

TABLE DES MATIÈRES

Cinquième partie : **Les Localités**

Sixième partie : **L'Habitant**

Septième partie : **L'Histoire**

TABLE DES GRAVURES

74972 REIMS. — Imprimerie MATOT-BRAINE, rue du Cadran-Saint-Pierre 6.